KB211731

세계무대에서 겨룬 한국 선수들의 도전과 성공스토리!

한국 야구 천재들

유 한 준 지음

머리말

야구는 청소년들에게 꿈과 희망 안겨 주는 파워 두뇌 스포츠

야구는 박진감 넘치는 스피드 경기입니다. 투수가 시속 150km 이상의 빠른 속도로 던지는 강속구의 변화구를 타자들이 정확한 순간 포착으로 방망이를 휘둘러 안타를 기록하면서 진루하여 득점을 올리는 팀워크의 파워 게임인 동시에 두뇌 플레이입니다.

아홉 명씩으로 이루어진 두 팀이 서로 공격과 수비를 번갈아 가면서 득점을 빼내 승부를 가립니다. 아홉 명의 선수들은 경기에 앞서 공격의 순서와 수비의 위치를 미리 정한 뒤에 그 순서에 따라 게임을 펼칩니다.

야구는 축구나 농구처럼 경기 시간을 정하여 놓고 경기를 진행하는 것이 아니라 9이닝 말에 경기를 끝내는 것을 기준으로 경기를 진행합니다. 흔히 야구는 7회 말부터라는 말을 하는데 그때가 가장 흥미로운 절정 무대가 펼쳐지는 경우가 많기 때문입니다. 하지만 9회 말에서도 득점이 없거나 득점이 같으면 연장전을 폅니다.

투수의 변화구를 타자들이 차례로 연속 강타하여 안타를 뽑아내면서 홈인하거나, 통쾌한 홈런 또는 만루 홈런이 터질 때

는 그라운드가 감동의 열광 속으로 빠져들게 됩니다.

야구는 경기마다 선수들이 각자의 기량에 따라 묘기와 진기록을 쏟아내면서 패권을 다투고, 경기를 지켜보는 팬들은 극적인 장면을 통해 환희와 갈채를 보내면서 선수와 팬 모두가 함께 기쁨을 나눕니다.

그래서 야구 경기는 남녀노소가 모두 한마음이 되어 즐기는 광장이 되고 있습니다. 야구가 우리나라에 들어온 지도 어언 100년 세월이 흘러갔고, 지역 리틀 야구를 포함하여 초·중·고·대학 등의 아마추어 야구와 함께 프로야구까지 창설되어 국민 모두에게 즐겁고 건전한 여가 선용의 기회를 제공하고 있습니다. 대한민국의 국위를 세계만방에 선양한 88 서울올림픽을 성공적으로 치른 우리나라는 오늘날 세계 무대를 향한 스포츠 선진 강국으로 그 위상을 높여가고 있습니다.

더구나 미국의 인기 스포츠 종목인 메이저리그에 우리 선수들이 다수 진출하여 세계적 스타들과 어깨를 나란히 하면서 기량을 자랑하고 있습니다.

메이저리그로 진출해 좋은 기량을 뽐내면서 새로운 야구 신화를 쓰고 있는 우리나라 선수들은 청소년 꿈나무들에게 우상이 되고 있습니다.

이 책은 한국 프로야구 선수들 가운데 국내 리그와 미국·일본 등 국제무대에서 활약하면서 코리아의 명예를 드높이고 불멸의 성적을 남기고 은퇴한 스타와 현재 활동하는 선수들 가운데 특별한 성적을 쌓고 있는 선수들 중에서 특히 야구팬들의 사랑을 받는 선동열, 박찬호, 이승엽, 이대호, 추신수, 류현진, 이정후 선수의 야구 기록과 일화를 중심으로 간추려, 야구 꿈나무들에게 스타들이 쏟아낸 두뇌 플레이와 진기록들을 모아 알기 쉽고 재미있는 스토리 중심으로 엮었습니다.

그리고 통쾌한 만루 홈런 행진, 메이저리그 베이스볼 시리즈와 메이저리그의 역대 진기록, 괴력의 노히트 노런, 메이저리그의 숨겨진 비화와 그 신화의 주인공 이야기를 모아 놓았습니다.

또한, 2022년 메이저리그의 결산도 담아 흥미롭게 꾸몄습니다.

유 한 준

차 례

한국의 야구 천재들 선수 프로필

선동열 宣銅烈

- 1963년 1월 10일 전라남도 광산군 송정 출생
- 184cm, 97kg, O형
- 송정동초교, 송정중, 무등중, 광주제일고, 고려대학교
- 한국화장품(실업)
- 해태 타이거즈(1985년~1995년)
- 타이거즈 No.18 영구 결번
- 주니치 드래곤즈(1996년~1999년)
- 삼성 라이온스 감독(2005년~2010년)
- KIA 타이거즈 감독(2012년~2014년)
- 대한민국 야구 국가대표팀 감독(2017년~2018년)
- kt 위즈 인스트럭터(2021년~현재)

박찬호 朴贊浩

- 1973년 6월 29일 충청남도 공주 출생
- 185cm, 93kg, O형
- 공주 중동초등교, 공주중-고교, 한양대학교 경영학과
- LA 다저스 입단(1994년)
- 제12회 일구상 특별상
- 부총리 겸 재정경제부장관 표창
- 체육훈장 맹호장
- KBS 연예대상

이승엽 李承燁

- 1976년 10월 11일, 대구광역시 삼덕동 출생
- 183cm, 87kg, B형
- 대구중앙초등, 경상중, 경북고, 대구대, 성균관대 대학원
- 삼성 라이온즈(1995년~2003년, 2012년~2017년)
- 일본 지바 롯데 마린스(2004년~2005년)
- 요미우리 자이언츠(2006년~2010년)
- 오릭스 버펄로스(2011년)
- SBS, SBS 스포츠 야구 해설위원(2019년~2022년)
- 두산 베어스 감독(2023년~현재)
- KBO 홍보대사(2018년~현재)
- 이승엽야구장학재단 이사장(2018년~현재)
- 대한민국 야구국가대표팀 기술위원회 위원(2019년~현재)

이대호 李大浩

- 1982년 6월 21일 부산광역시 출생
- 194cm, 130kg, A형
- 부산 수영초교, 대동중, 경남고교
- 롯데 자이언츠(2001년 ~ 2011년, 2017년 ~ 2022년)
- 오릭스 버펄로스(2012년 ~ 2013년)
- 후쿠오카 소프트뱅크 호크스(2014년 ~ 2015년)
- 시애틀 매리너스(2016년)
- 대한민국 국가대표팀(올림픽 2008년)

추신수 秋信守

- 1982년 7월 13일 부산광역시 출생
- 180cm, 95kg, O형
- 부산 수영초교, 부산중학교, 부산고등학교
- 텍사스 레인저스 외야수 좌투좌타(2013년~현재)
- 시애틀 매리너스 산하 마이너리그팀 입단(2001년)
- 이달의 선수 두 차례
- 하트 앤 허슬 상 두 차례
- 2000년 세계청소년야구대회 MVP
- 2010년 아시안게임 금메달

류현진 柳賢振

- 1987년 3월 25일 인천광역시 출생
- 189cm, 115kg, A형
- 동산중-고교, 대전대학교 사회체육학과
- LA 다저스 투수 좌투우타(2013년~현재)
- 한화 이글스 입단(2006년)
- 올해의 투수상
- 골든 글러브상
- 최다 탈삼진상

이정후 李政厚

-1998년 8월 20일, 일본 나고야 출생, 광주광역시에서
 성장

-185cm, 88kg, A형

-광주 살레시오초등~광주서석초등 전학,
 광주 무등중~서울 휘문중 전학, 휘문고 졸업

- 넥센 히어로즈(2017년~2018년)

- 키움 히어로즈(2019년~2023년)

- KBO 신인왕(2017년)

- KBO 골든 글러브(외야수 부문, 2018년~2022년)
 타격왕(2021년~2022년), 최다 안타왕, 타점왕,
 장타율왕, 출루율왕, MVP(2022)

제1장

메이저리그의 역사와 문화

제 1 장
메이저리그의 역사와 문화

미국 프로야구 메이저리그

미국 프로야구 메이저리그Major League가 세계의 어린이와 청소년을 포함한 야구 팬들에게 주는 의미는 보고 즐기는 단순한 스포츠 경기가 아니라 상상을 초월하는 두뇌 플레이이자 엄청난 꿈을 안겨주는 파워 게임이다.

메이저리그는 일반적으로 프로 스포츠 무대에서 최고 수준을 자랑하는 리그를 뜻하는 말이다. 특히 스포츠에서 메이저리그는 흔히 북아메리카에서 가장 높은 수준인 프로야구 메이저리그 베이스볼Major League Baseball을 일컫는다. 프로야구 메이저리그 베이스볼에 대칭되는 것으로는 메이저리그 사커Major League Soccer가 있는데, 이는 북아메리카에서 최상위인 프로축구 리그를 가리킨다. 그 밖에도 메이저리그 하키, 메이저리그 라크로스 등도 있다.

메이저리그는 스타들이 묘기와 진기록을 쏟아내는 그라운드뿐만이 아니라 부富를 엮어내는 황금시장으로도 그 위용을 자랑하고 있다. 그래서 메이저리그 그라운드는 스포츠 경기장의 범위를 넘어서서 영광과 명예를 누리는 열광의 무대가 되고 있는 것이다.

그렇다면 이런 위상을 만들기까지 메이저리그는 어떻게 시작하였고, 어떻게 변화하여 왔으며, 어떤 아이콘으로 어떠한 문화를 펼쳐왔을까?

메이저리그가 산업이자 경제적 주체로서 뿌리를 내리고 번창하도록 이끌어주는 원동력은 초스피드의 강속구를 특급 타자들이 절묘하게 받아치는 강력한 힘에서 솟아나온다. 야구 방망이 끝에서 터지는 엄청난 타력과 포물선을 그리면서 힘차게 솟아올라 뻗어나가는 홈런포가 바로 야구 발전의 원동력이라는 것이다.

미국은 세계적으로 거대한 스포츠 시장을 형성하고 있는 나라이다. 아메리카라는 나라 자체가 유럽에서 대서양을 건너간 이민자들을 통하여 이루어졌고 발전한 나라이기 때문에 미국의 스포츠 문화는 유럽에 뿌리를 두고 있다. 그래서 미국의 스포츠 문화 역시 다양한 민족의 모습을 지니고 있다. 미국 프로야구의 탄생과 변화도 그런 흐름에 뿌리를 두고 발전해 왔다.

메이저리그의 한국 스타들

메이저리그 황금 스타들은 청소년들의 우상이다. 청소년들의 꿈의 무대인 메이저리그에서 놀라운 실력을 발휘하며 코리아의 이미지를 드높이면서 지구촌에 명성을 떨친 한국의 아들들이 여러 명 있다.

그 가운데서도 미국 팬들로부터 가장 많은 사랑을 받은 한국 프로야구 선수는 과연 누구일까?

한국 프로야구에서 선수 생활을 하다가 천문학적인 금액의 이적료를 받고 미국 프로야구 그라운드로 들어선 우리나라 선수는 박찬호를 비롯하여 김병현, 최희섭, 김선우, 조진호, 이상훈, 봉중근, 구대성, 백차승, 임창정, 류현진, 추신수, 강정호 등 여러 선수가 있다.

메이저리그에 진출한 한국 선수들은 플레이마다 경이로운 초인적인 강속구와 엄청난 타력을 쏟아내기 때문에 관심의 대상이 되고 있다. 그들이 미국 메이저리그에서 기록하는 진기록 명승부가 미국 팬들을 사로잡으면서 팬들이 TV 앞에 모여 앉아 그들이 펼치는 경기를 지켜보고 있다.

그 가운데서도 박찬호, 류현진, 추신수, 박병호 선수가 특히 인기를 끌고 있는 주인공들이다. 미국의 야구 팬들이 그들의 진기록 행진에 열광하자 매스컴들도 한국 프로야구에서 스카우트되어 온 선수들에게 포커스를 맞추었다.

한국의 프로야구는 1981년 한국야구위원회KBO가 창립되고, 1988년 서울올림픽을 개최하였으며 2008년 베이징올림픽에서 금메달을 차지하면서 폭발적으로 인기가 치솟았다. 이를 기점으로 하여 2017 시즌에는 840만 명의 관중을 기록하는 등 국민 스포츠가 되었다.

프로야구는 이제 우리나라 최고의 인기 스포츠일 뿐만 아니라, 우리나라의 문화를 이야기할 때 빼놓을 수 없는 하나의 주요 아이콘으로 자리 잡았다. 이런 열기를 바탕으로 많은 스타가 떠오르고 팬들로부터 뜨거운 갈채를 받았다. 한국인 타자 중 가장 먼저 메이저리그 포스트시즌 무대를 밟은 타자는 최희섭이다. 그는 2004년 다저스에서 뛰면서 세인트루이스와의 디비전 시리즈 1차전에 대타로 등판하였으나 2루 땅볼로 물러나고 말았다.

김병현

    그런데 이상할 정도로 미국 언론들은 월드 시리즈 때마다 2001년 월드 시리즈에서 활약한 김병현을 꼭 언급한다. 그는 내셔널리그 챔피언십 시리즈에서 3경기 5이닝 무안타 무실점의 완벽한 투구로 2세이브를 올려 찬사를 받은 것이다.

    김병현은 2001년 처음 월드 시리즈를 경험한 뒤 2002년과 2003년에도 연속 투수로 활약하였다. 그는 2001년 애리조나 다이아몬드백스 마무리로 뛰었다. 2004년 보스턴 레드삭스에서는 월드 시리즈에 뛰지는 못했지만 40인 로스터에 이름을 올렸다. 김병현은 통산 기록 54승 60패, 86세이브 방어율 4.42, 841이닝, 806탈삼진, 376볼넷을 기록하였다.

    그는 투구하는 폼이 너무 시원시원해서 팬들에게 박수갈채를 받았다. 메이저리그 한국 선수로 김병현 선수의 세이브 기록이 단연 으뜸이다. 더구나 그의 소속 팀이 메이저리그 월드 시리즈에서 우승을 차지했다는 것이다. 그는 우승 반지도 2개를 따냈다. 한국 선수로는 대단한 영광이다. 그러나 그는 화려함과 아쉬움이 서로 교차되는 시즌을 보냈다. 2001년 시즌 초반에 소속 팀인 애리조나 다이아몬드백스의 동료 투수로 팔꿈치 통증을 앓고 있는 매트 맨타이 대신에 중간 계투 요원으로 투입되었다.

그러나 시원한 활약을 펼치지 못하다가 콜로라도 로키스와의 경기 때부터 팀의 마무리 투수로 뛰었다. 이렇게 하여 79경기에서 방어율 2.94, 5승 6패 19세이브를 기록했다. 세이브 기회에서 실패한 것은 단 네 차례였지만 빼어난 투구를 보여 주었다. 소속 팀인 애리조나 다이아몬드백스가 내셔널리그 서부 지역에서 우승을 차지할 수 있었던 것도 결국 김병현이 마무리 투수의 역할을 잘해주었기 때문이다.

김병현은 포스트 시즌 들어 세이트루이스 카디널스와의 디비전 시리즈에서 1세이브, 애틀랜타 브레이스와의 내셔널리그 챔피언 시리즈에서 2세이브를 기록하며 한국 선수로서는 맨 처음으로 월드 시리즈에 올랐다. 하지만 월드 시리즈에 두 차례 등판해 모두 세이브 기회를 날리면서 패전 투수라는 멍에까지 뒤집어쓰고 말았다. 그 뒤를 이어 박찬호가 2006년, 2008년, 2009년 세 차례 월드 시리즈에 진출하여 활약하였고, 류현진은 2013년, 2014년, 추신수는 2013년, 2015년 두 차례 포스트 시즌에 나섰다.

박찬호는 2006년 샌디에이고 파드리스에서 처음 포스트 시즌 무대를 밟았다. 그때 박찬호는 이미 전성기가 지났지만 포스트 시즌에 이름을 남겼다. 개인 통산 포스트 시즌 성적은 13경기 1패, 8안타, 3실

류현진

점으로 평균자책점 2.61이다.

류현진은 박찬호에 비해 빨리 가을 무대를 밟은 선수로 이름을 올렸다. 이와 함께 한국인 최초로 메이저리그 포스트 시즌 승리 투수가 되었다. 그는 미국 진출 첫해인 2013년 세인트루이스 카디널스와의 내셔널리그 챔피언십 시리즈 3차전에 나가 7이닝 3안타 무실점 호투로 승리를 챙기는 스타가 되었다.

류현진은 2014년에도 팀의 3선발로 활약하며 디비전 시리즈에 등판해 6이닝 5안타 1실점으로 호투했으나 동료들의 타선이 빛을 잃으면서 승리 투수가 되지 못하였다. 그는 2년 연속 가을 무대를 밟으면서 포스트 시즌 개인 통산 3경기 1승으로 평균자책점 2.81을 기록했다. 류현진이 포스트 시즌 승리를 거두던 해에 추신수는 신시내티 레즈 유니폼을 입고 와일드카드 결정전을 치렀다. 신시내티는 피츠버그와 와일드카드 결정전에서 2 대 6으로 패하며 단 한 경기 만에 포스트 시즌을 끝냈다.

추신수는 3타수 1안타 홈런에 1타점 2득점으로 활약했지만, 팀이 패배하는 바람에 아쉽게 마운드를 내려왔다.

메이저리그에 진출한 한국 선수들의 성적표는 많은 화제를 뿌렸다. 그다음 선수는 서재응이다. 그는 공을 던지는 모습이 예술적이라는 평가를 받는다. 메이저리그 한국 선수나 일본 선수들 대부분이 강속구의 속도로 많이 승부를 내는 데 비해 서재응은 구석으로 찌르는 컨트롤이 일품이라는 것이다.

메이저리그에 들어선 한국 선수 가운데 최초의 타자 최희섭은 메이저리그에 맨 처음 들어간 선수라 상당한 기대를 했는데 아쉽게도 2007년 메이저리그 선수생활을 접고 귀국하여 KIA 타이거즈에 입단하였다. 그만큼 미국 메이저리그의 벽이 높았다는 말이다.

보스턴 레드삭스의 김선우는 2001 시즌까지 메이저리그에서 총 20경기에 출장하여 방어율 5.83, 2패에 그쳤다. 보스턴 레드삭스의 트리플 A팀 포터켓 레드삭스 조진호는 방어율 4.51, 3승 10패 10세이브로 부진을 면치 못하였다. 같은 팀의 이상훈도 3승 5패 4세이브로 두두러진 활약을 보이지 못하였다. 시카고 컵스 산하 싱글 A팀 랜싱 러그너츠의 포수 권윤민은 타율 2할 7푼 0리, 홈런 6, 51타점으로 꾸준한 성적을 올리며 빅 리그로 들어설 가능성을 높였다.

빅 리그에 도전한 행운아들

우리나라 선수로 처음에 계약금 100만 달러 이상을 받고 미국으로 건너가 빅 리그에 도전한 행운아들은 누구일까?

예전에는 100만 달러라고 하면 100만 장자라 하여 입을 크게 벌릴 정도였지만, 지금은 별로라고 생각하는 사람들이 많다. 어쨌거나 처음에 100만 달러 이상을 받고 메이저리그 팀으로 들어가 아메리칸 드림을 이룬 행운의 사나이들은 팬들의 부러움을 사는 동시에 청소년들의 우상이 된 것만은 확실하다.

미국 프로야구 메이저리그는 한 시즌이 대개 4월 중순부터 10월 초까지 장장 6개월 동안 2,400여 경기를 펼친다. 이 시즌 동안 수많은 팬에게 즐거움을 안겨준다. 좋아하는 선수의 스타 플레이에 열광하면서 응원하는 팀의 승패에 따라서 희비가 엇갈린다.

한국 스타 박찬호 선수가 활약한 LA 다저스팀을 열렬히 응원한 팬들이 한때 많았던 것처럼 지금 묘기를 쏟아내는 류현진 선수가 있는 LA 다저스를 좋아하는 팬도 있고, 추신수 선수가 뛰었던 텍사스 레인저스에 관심을 기울이는 팬들도 있고, 또 강정호 선수가 활약했던 피츠버그 파이어리츠를 응원하는 팬들도 있다.

미국에서는 미식축구, 농구와 함께 야구가 큰 인기를 끌고 있다. 경기 방법, 선수들의 특기 등을 알면서 경기를 관람하면 더 재미있고 흥미롭다.

야구 경기에서 타자에게 최고의 순간은 홈런을 칠 때이다. 더구나 밀리고 있던 팀이 9회 말 2점 또는 만루 홈런을 날리며 역전극을 펼치는 스타가 등장될 때는 경기를 진행하는 선수들은 물론 중계방송을 하는 아나운서나 해설자, 관중들이 모두 감동하면서 그라운드가 최고의 열광 속으로 빠져든다.

이때 관중석 담장을 넘기는 홈런을 날린 선수는 여유 있게 1~2~3

루 베이스를 돌아서 동료들의 환영을 받으면서 홈에 들어오고, 관중들은 그 선수에게 엄청난 환호를 보내준다.

반대로 타자에게 최악의 순간은 삼진을 당할 때이다. 투수가 던진 강속구 변화구를 연속 세 번이나 한 번도 제대로 치지 못하면 삼진 아웃을 당하고 타석에서 나와야 한다. 그다음 타자가 타석으로 들어선다. 타자가 투수의 공을 치고 진루하고 다음 타자가 안타를 치는 순간 1루에 진루한 선수는 2루로, 2루에 나간 선수는 3루로, 3루에서는 홈으로 달리면서 마운드가 회오리바람을 일으킨다.

진루한 선수가 베이스를 차례로 돌아 홈을 밟으면 1점이 추가되면서 팀의 득점 수가 보태진다. 하지만 진루하는 선수가 공보다 늦게 베이스를 밟거나 홈으로 들어오면 아웃이다. 또한, 진루할 때에 뒤의 선수가 앞의 선수를 추월하여 먼저 홈인하여도 무효이다.

그러나 수비 팀의 투수가 공격에 나선 타자에게 강속구를 던져 상대 팀의 타자를 세 명 삼진아웃을 시키거나, 타자가 친 공을 수비수들이 재빨리 잡아 공을 치고 진루하는 선수가 베이스를 밟기 전에 송구하면 진루하는 선수는 아웃된다.

보통 9회까지 경기를 진행하는데, 9회 말까지 가는 동안 1점이라도 많은 팀이 승리 팀으로 기록된다. 9회 말에서 승부가 안 나면 승부가 날 때까지 회를 연장하면서 거듭하게 된다.

한 회 동안 이렇게 3명을 아웃시키면 공격과 수비가 바뀌게 된다. 이를 1이닝Inning 1회回라고 한다. 이렇게 하면서 9회까지 이어지고 9회 말 득점 결과로 승부가 가려진다. 이것이 야구 경기의 진행 방법이다.

TIP 처음에 계약금 100만 달러 이상을 받고 메이저리그에
진출한 한국 선수들

- 박찬호 : 투수, 1994년, LA 다저스 120만 달러
- 서재응 : 투수, 1997년, 뉴욕 메츠 135만 달러
- 김선우 : 투수, 1997년, 보스턴 레드삭스 125만 달러
- 봉중근 : 투수, 1997년, 애틀랜타 브레이브스 120만 달러
- 백차승 : 투수, 1998년, 시애틀 매리너스 129만 달러 미국 국적
- 김병현 : 투수, 1999년, 애리조나 다이아몬드 백스 225만 달러
- 최희섭 : 1루수, 1999년, 시카고 컵스 120만 달러
- 권윤민 : 포수, 1999년, 시카고 컵스 120만 달러
- 추신수 : 외야수, 2000년, 시애틀 매리너스 135만 달러
- 류제국 : 투수, 2001년, 시카고 컵스 160만 달러
- 이승학 : 투수, 2001년, 필라델피아 필리스 115만 달러
- 정영일 : 투수, 2006년, 에인절스 100만 달러
- 이학주 : 유격수, 2008년, 시카고 컵스 115만 달러
- 김진영 : 투수, 2010년, 시카고 컵스 120만 달러
- 이대호 : 내야수, 2016년, 시애틀 매리너스 400만 달러
- 김현수 : 외야수, 2016년, 볼티모어 오리올스 700만 달러 2년
- 오승환 : 투수, 2016년, 세인트루이스 카디널스 1,100만 달러 3년

메이저리그의 매력

야구는 언제, 어디서 시작되었을까? 야구의 고향은 미국이라는 설과 영국이라는 두 가지로 나타나 있다. 다만 언제 시작되었는지 확실한 기록이 없다.

미국이 고향이라는 이야기는 유럽 이주민들이 가져온 크리켓과 라운더스라는 경기를 합쳐서 만든 것이라고 알려졌을 뿐이며, 그렇게 짐작할 뿐이다. 크리켓과 라운더스 모두 방망이로 공을 치면서 하는 운동이다. 애브너 더블데이가 1939년 야구 게임을 만들어 뉴욕 쿠퍼스타운에서 처음 경기를 펼쳤다고 전한다.

이는 그가 직접 쓴 《우리 국민 경기》에서 "야구는 본래 어린이들의 놀이로 인기가 높았던 원 올드 캣"이라고 밝혔다는 데에 근거를 두고 있다.

영국이 야구의 발상지라는 이야기는 18세기 때부터 영국에서 라운더스라는 경기가 있었는데, 이를 미국으로 이민을 떠난 사람들이 가져가 전해 주었다는 주장이다. 1939년 뉴욕 도서관 직원인 핸더슨이 야구에 대한 기원을 밝힌 논문을 통해 "영국에서 어린이들이 배트와 볼, 베이스를 사용한 놀이를 이미 즐겼는데, 이것이 19세기까지 베이스볼이라고 불렸고, 그 뒤에 인기 있는 경기로 발전하였다."라고 기록하였다.

1845년 미국의 카트라이트가 중심이 되어 친구들과 함께 최초의 야구 클럽인 니커보커 야구협회를 만들었고, 그 뒤에 미국 프로야구선수협회NAPBBP가 1871년에 조직되었다.

취미가 아니라 보수를 받고 직업으로 운동하는 선수를 프로라고 일컬으며, 프로야구 선수들이 뛰는 무대를 메이저리그라고 부른다.

■ 미국 프로야구 경기는 언제 시작되었을까?

19세기 중반에 창단된 신시내티 레드 스타킹스팀이 미국의 첫 프로야구 구단이다. 이 팀이 지금의 신시내티 레즈로 발전하였다. 그 뒤 몇 년 뒤에 내셔널리그가 설립되었고, 20세기 초에 들어와서 아메리칸리그가 생겼다. 보통 내셔널리그를 NL이라고 부르며 아메리칸리그를 AL이라고 한다. 미국 메이저리그 야구연맹 아래 내셔널리그와 아메리칸리그가 있다. 현재 각 리그에 15개 구단씩 모두 30개 구단이 메이저리그에 속해 있다. 토론토 블루제이스가 유일하게 캐나다 팀이고, 나머지는 전부 미국 팀이다.

내셔널리그와 아메리칸리그는 어떤 차이가 있을까? 가장 큰 차이는 지명타자 제도가 있느냐, 없느냐? 하는 점이다. 아메리칸리그는 지명타자를 허용하고 있는데, 내셔널리그는 허용하지 않고 있다.

지명타자는 투수 대신에 나오는 타자를 말하는 것이다. 사실 투수들은 공을 잘 던지는 선수들이지만 타석에서 공을 잘 치는 선수는 아니다. 물론 둘 다 잘하는 선수도 있지만, 투수가 공을 잘 친다고 해도 베이스까지 뛰다 보면 체력이 달리거나 정신이 흐트러질 수 있다는 데서 구단마다 투수 보호에 신경을 쓰고 있다.

이를 방지하기 위해서 아메리칸리그는 투수가 칠 차례에 그 대신 다른 타자인 지명타자를 내보내고 있다. 그런데 내셔널리그는 투수도 다른 타자와 마찬가지로 무조건 타석에 나와서 공을 치도록 하고 있다.

▪ 미국 프로야구에는 마이너리그가 따로 있다. 마이너리그는 메이저리그와 어떻게 다를까?

일반적으로 메이저리그는 상위 리그이고, 마이너리그는 하위 리그라고 보고 있다. 마이너리그는 선수들 수준에 따라서 네 등급으로 구분된다.

마이너리그에서 잘하면 메이저리그로 올라가는 경우가 있고, 메이저리그에서 적응을 못 하거나 부상당한 선수들은 마이너리그로 내려가기도 한다.

내셔널리그와 아메리칸리그는 각각 동부·중부·서부의 3개 지구로 나뉘어 있다. 각 팀당마다 162차례 경기를 치른다. 두 리그의 승자가 7번 경기를 해서 4번 먼저 이기는 팀이 그해 챔피언이 된 뒤 챔피언인 최강 팀이 월드 시리즈를 펼치는데, 월드 시리즈는 미국 프로야구의 꿈의 향연으로 꼽힌다. 지구별 승자 결정전과 리그 챔피언 결정전을 거쳐서 나온 내셔널리그와 아메리칸리그 승자들끼리 겨루는 경기이기 때문이다.

미국 사람들은 야구를 두고 'America's pastime'이란 말을 한다. 이 말은 '미국의 오락'이라는 뜻이지만 일상의 따분함에서 잠시 벗어나 기분 전환을 할 수 있는 즐거운 시간이라는 말이다. 그만큼 미국인들이 야구를 좋아한다는 이야기이다.

직장 동료나 친구끼리 야구장을 찾아온 사람도 많지만, 어린이부터 할아버지까지 가족 단위로 오는 사람도 많다.

사실 야구 경기는 보통 경기와 달리 진행 시간이 정해진 것이 아니고 9회 경기가 그렇게 빠른 편도 아니다. 그러니까 야구장에서는 마른 오징어도 먹고, 고기와 빵, 강냉이도 먹으면서 길게 이어지는 경기를 여유롭게 즐기는 모습이 흔하다. 운동 경기를 구경한다기보다는 마치 공원으로 나들이를 나온 것 같은 풍경이다.

미국에서는 공원에 가면, 아빠와 아들이 야구 글러브를 끼고 서로 공을 주고받는 모습을 흔히 볼 수 있다. 또 리틀리그도 여기저기 있어서 유소년 야구 경기도 활발하게 전개된다.

지금 메이저리그 야구는 역사상 최고의 수입을 올리는 황금 경기이다. 관중 동원력도 대단하지만 팬들의 호응도 무척 뜨겁다.

미국 어린이들은 한 가지 운동에 집중하는 경향이 강한 편이다. 야구나 축구, 농구 등 자기가 좋아하는 운동에 빠져드는 경향이 매우 짙다.

그러나 시대는 인터넷과 휴대전화 등을 통해서 실시간으로 정보를 받아보고 대화를 나누는 초고속 시대로 변하면서 야구장의 풍속도가 조금씩 바뀌고 있다.

올스타전의 열기

야구는 미국의 대표적인 스포츠 중 하나로 인기를 누리고 있다. 미국과 캐나다가 아닌 다른 지역에서의 공식적 첫 야구 리그는 쿠바에서 생겼다. 1930년대 후반부터 쿠바 리그를 만들어 오랜 전통을 유지하며 국제 경기에서 막강한 전력과 관록을 자랑하고 있다.

그 뒤 유럽과 아시아 지역에서는 제1차 세계대전 이후에 프로 리그가 만들어졌는데 현재 프로야구 리그를 열고 있는 나라는 다음과 같다.

1922년 네덜란드, 1934년 오스트레일리아, 1936년 일본, 1938년 푸에르토리코이며, 제2차 세계대전 이후에 프로 리그가 만들어진 국가는 1948년 이탈리아와 라틴 아메리카의 나라들, 1945년 베네수엘라, 1945년 멕시코, 1951년 도미니카공화국, 1981년 대한민국, 1990년 중화민국대만, 2003년 중화인민공화국 등이다. 현재 국제야구연맹 회원국은 117개국이다.

2005년 7월 싱가포르에서 열린 2012년 하계올림픽에 관한 117번째 회의에서 야구, 소프트볼 종목 삭제에 관한 투표가 진행되어 2012년 하계올림픽에서 야구, 소프트볼 종목을 제외하기로 결정했다.

이는 메이저리그 베이스볼 선수들이 출전하지 않기 때문이다. 2009년 8월 회의에서는 2016년 하계올림픽에도 야구 종목을 제외하기로 결정했다.

야구 명칭의 기원은 확실하게 짚어내기가 힘들지만, 1344년에 출간된 프랑스의 한 책에 성직자들이 야구와 흡사한 라 술La soule이라는 게임을 즐기는 모습을 담은 삽화가 실려 있다.

원래 야구는 미국의 군인 출신 애브너 더블데이가 1839년에 쿠퍼스타운에서 창안했다고 알려졌다. 하지만 그가 직접 야구를 창안했다는 구체적인 증거가 없으며, 광산 기술자 출신의 애브너 그레이브스의 증언이 있었으나 별로 신뢰하기 어렵다. 그 때문에 야구는 유럽에서 미국으로 전해진 것으로 추측할 뿐이다.

이런 발전을 통해서 1774년에 독일에서 프리드리히 구츠무츠가 존 뉴베리에서 출간한 《작고 귀여운 포켓북》이라는 시집에서 최초로 'Base-ball'이라는 단어가 선보였다.

미국에서는 '베이스볼baseball'이라는 이름으로, 동양에서는 일본이 야구野球라는 이름을 쓰면서 널리 퍼졌다.

1871년 미국에서 일본으로 건너와 일본 제일고등중학교현재의 도쿄

대학교 교양학부 교사로 활동한 호레이스 윌슨이 '베이스볼baseball'이라는 운동 종목을 학생들에게 가르치기 시작하였다.

그 뒤 1886년에 제일고등중학교 주만 가나에가 'baseball'을 '야구野球, や-きゅう'로 번역하고, 이 말이 다시 우리나라로 들어와 사용되고 있는 것이다. 1890년 일본의 문학가 마사오카 시키가 배터batter는 타자, 러너runner는 주자 등으로 번역하였다.

야구의 기본적인 규칙은 알렉산더 카트라이트, 루셔스 애덤스 등이 만들었다. 특히 1845년 미국 뉴욕의 알렉산더 카트라이트가 만든 니커보커 규칙이 오늘날 현대 야구의 규칙으로 진화하였다.

그는 규칙 제정과 함께 라운더스에서 사용되었던 말랑말랑한 공을 더 작지만 딱딱한 공으로 바꾸었다. 1953년 6월 3일, 미국 의회는 공식적으로 카트라이트가 근대 야구의 창시자임을 인정했다.

카트라이트가 소속된 구단인 뉴욕 니커보커스팀이 1845년에 경기를 펼쳤다는 기록이 있지만, 공식적인 첫 경기는 1846년 6월 19일 뉴저지 주 호보켄에서 '뉴욕 나인'과 '니커보커스'팀이 진행한 4이닝 경기이다. 이때 나인팀이 23대 1로 이겼다는 것이다.

미국에서 야구가 자리 잡은 것은 1860년대부터이다. 그 뒤 1871년 3월 17일 전미 프로야구 선수협회가 창설되고 1869년 최초의 프로야구 팀 신시내티 레드 스타킹스가 창단되었으며, 1875년에는 내셔널리그가 생겼다.

1882년에는 아메리칸 어소시에이션이 창설되고 1901년에는 이를 전신으로 하는 아메리칸리그가 생겨 양대 리그 체제를 갖추었다.

1903년에는 양대 리그의 우승 팀 간의 승자를 겨루는 월드 시리즈가 생겼다. 월드World는 스폰서를 해준 〈월드 신문사〉이름을 딴 것이다. 첫 올스타전은 1933년에 열렸다.

　미국 야구에서는 처음에 흑백 인종 차별이 있었다. 메이저리그 야구에서는 1947년까지 흑인이 선수로 활동하지 못했다. 메이저리그 야구에서 흑인이 최초로 선수로 뛴 것은 1947년이다. 재키 로빈슨 선수가 브루클린 다저스에 입단해 10년간 활동하였으며, 1962년에는 명예의 전당에 헌정된 최초의 흑인 선수로 이름을 남겼다. 그 대신 흑인들은 니그로리그에서 선수로 뛰었다. 흑인 선수가 야구 마운드에 처음 들어선 것은 1884년이었다. 당시 마이너 노스웨스턴리그의 톨레도 팀이 AA로 편입되면서 소속 선수이던 포수 모세스 플릿우트 플릿 워커가 흑인으로는 처음 빅 리그 선수로 이름을 올렸다.

　메이저리그 야구는 1980년대 초반까지 불법이었던 약물 복용이 흔했다. 그로 인해 여러 명의 선수들이 약물 복용의 후유증을 앓거나 사망했다. 1990년대 초반부터는 선수들이 근육강화제를 복용했는데, 이 때문에 2005년 3월 17일 미국 의회는 약물 복용에 대한 청문회까지 열었다. 메이저리그 야구는 2006년부터 약물 복용이 처음 발각되었을 때에는 50경기, 두 번째에는 100경기 출장을 정지시켰고, 세 번째 발각되면 영구 제명을 시키는 '약물 삼진 아웃' 제도를 적용하기에 이르렀다.

　메이저리그 야구는 점점 인기를 끌면서 미국 전역으로 확대되었다. 캐나다에서도 1969년 몬트리올 엑스포스가, 1977년 토론토 블루제이스가 리그에 참가하는 열의를 보였다.

　현재는 내셔널리그 15팀, 아메리칸리그 15팀으로 팀 수를 제한하고 있으며, 모든 리그는 16팀씩 32팀이 참가하여 시즌당 162경기를 치르고 있다.

메이저리그, 겨울이 더 뜨겁다

미국의 프로야구 메이저리그는 마운드에서 경기가 벌어지는 시즌 경기의 개인별 플레이를 제외하고 프로야구의 모든 것을 보여주는 '겨울 만남의 축제'의 윈터 미팅Winter Meeting이 또한 유명하다.

윈터 미팅을 가리켜 야구장에서 경기를 끝낸 뒤에 추운 겨울이 더 뜨겁다고 일컫는다. 메이저리그로 진출하려는 선수를 포함해 구단에 취직하려는 구직자, 야구 용품을 판매하려는 상인들까지 총출동하기 때문이다.

그런 반증은 114년째를 맞은 2015년 메이저리그 윈터 미팅에서 그대로 드러났다. 테네시 주 내슈빌에서 송년 잔치를 겸해 2015년 12월 7일부터 5일간 벌어진 윈터 미팅에 미국 프로야구 메이저리그 30개 구단의 구단주와 중역, 실무진, 그리고 수백 명의 지배인 또는 대리인 등의 에이전트와 세계 각지에서 몰려든 취재 기자 등 무려 3,000여 명으로 발 디딜 틈도 없었다.

'겨울 만남의 축제'로 유명한 윈터 미팅은 메이저리그가 생긴 1901년에 처음으로 시작한 이래 해마다 열어온 연례행사이다.

처음에는 프로야구 경기와 행정, 질서 유지 등과 관련된 사무국 업무를 위탁받아 전담하는 커미셔너를 선출하고, 경기 규정, 선수 영입 등 메이저리그의 문제를 협의하기 생겼다.

미국 여러 지역에 흩어져 있는 프로야구 팀장들이 시즌 경기를 마친 뒤에 한자리에 모여, 야구장에서 일어났던 현안들을 논의하고 그 예방과 대책 등을 협의하여 결정하는 것이 목적이었다.

그러나 2000년대로 접어들면서 선수 스카우트를 둘러싸고 여러 구단 관계자와 지배인 또는 대리인인 에이전트까지를 한꺼번에 만날 수 있다는 장점 때문에 대규모의 '이적 시장'으로 성격이 바뀌면서 한겨울에 뜨거운 열기를 뿜어대고 있다.

그 바탕에는 프로 선수의 FA, 곧 자유계약 선수와 트레이드 문제까지 활발하게 이루어질 수 있다는 조건이 깔려 있다. 최근에는 신진 선수들이 기용되거나 기존의 스타들이 소속 팀을 떠나 다른 팀의 유니폼으로 바꿔 입는 트레이드가 벌어지는 축제의 광장으로 윈터 미팅이 위력을 발휘하고 있다.

그래서 메이저리그로 들어가기 위한 야구 선수들에게는 등용문이 되고 있는 셈이다. 또한, 성적이 놀라울 정도로 향상된 선수는 고액 연봉으로 재계약을 하거나 몸값이 상승하면서 다른 구단으로 영입되는 행운의 슈퍼스타가 되고, 반대로 성적이 부진한 선수는 밀려나는 수모의 자리가 되기도 한다.

윈터 미팅에서는 각 구단이 벌이는 '눈치 싸움'도 무척 치열하게 전개된다. 대부분의 구단 협상 담당자는 선수 스카우트를 둘러싼 협상 보안을 위해 호텔 룸서비스로 식사를 때우는 것이 필수가 되었고, 일부 구단의 협상 담당자는 아예 외부의 눈을 피하려고 호텔 직원으로 위장하여 지하 주차장에서 카트에 짐을 싣고 화물 전용 엘리베이터를 이용해 호텔 방으로 들어가는 경우도 있다.

각 구단이 예약하여 쓰고 있는 호텔 방은 전쟁 중의 임시 작전 지휘 본부인 벙커 같다는 말이 붙어 있을 정도이다. 그런 현상은 최근 들어 해마다 벌어지고 있다.

2015년 윈터 미팅에서는 더욱 극성을 부렸다. 행사장인 호텔의 로비에는 무려 750여 명의 메이저리그 담당 취재기자들이 마이크, 녹

음기, 카메라를 설치하고 자리를 뜨지 않은 채 24시간 야구 정보전 싸움으로 5일간 북새통을 이루었다.

그런 이상 열기 때문에 외부와의 연락을 담당하는 구단 직원들은 엄청나게 쏟아지는 각종 루머의 사실 여부를 확인하려는 취재진에게 행사 기간 내내 시달린다. 영입 대상으로 떠오른 신진 스타가 레이더에 걸리면 그의 신상과 과거 기록, 현재의 성적, 몸 상태 등을 미리 담아 놓은 노트북에서 불이 난다. 구단들은 "선수 스카우트에 따라 팀의 운명이 순간적으로 결정된다."라며 초긴장이고, 취재진은 "1분 1초라도 늦으면 박살이 난다."라고 아우성이다.

윈터 미팅은 취업 준비생들에게 취업의 등용문으로도 유명하다.

메이저리그 구단 관계자와 에이전트가 머무는 호텔 밖에서는 메이저리그로 진출하려는 선수 못지않게 구단 직원으로 들어가 일하려는 취업 준비생들이 이력서를 들고 동분서주 우왕좌왕한다.

아예 이력서를 피켓으로 만들어 목에 걸거나 등에 짊어지고 다니면서 자기 자신을 알리는 사람들까지 나타났다. 윈터 미팅 현장을 찾아드는 구직 희망자들은 보통 1,500여 명에 이르지만 취직에 성공하는 사람은 200여 명 정도이다.

윈터 미팅을 통해 성공한 재미있는 일화도 전한다. 텍사스 레인저스 구단의 존 대니얼스 단장이 바로 그런 인물 중의 한 사람이다.

코넬대학에서 응용경제학을 전공한 그는 23세 때에 다니던 직장을 그만두고 윈터 마팅을 통해 구단의 무급 직원으로 들어갔다. 전공을 살려 통계를 접목하여 각 선수들의 기록, 가치 평가, 팀 간 성적 비교 등을 일목요연하여 분석하여 두각을 나타냈다. 그런 공로로 5년 만인 28세 젊은 나이에 단장으로 초고속 승진을 한 것이다.

원터 미팅 현장에는 야구공, 글러브, 응원 도구, 인터넷 게임 등 야구와 관련된 상품을 팔려는 300여 개의 업체들도 얼굴로 내밀고 홍보전을 펼친다.

'강정호 효과'에 웃는 한국 선수들

빅 리그는 아무나 가는 곳이 아니다. 메이저리그 진출의 기준은 매우 엄격하고도 까다롭기로 유명하다.

2015년은 국내 프로야구 선수들의 메이저리그 도전이 어느 때보다 뜨거운 한 해로 기록되었다. 도전이 단순한 도전으로 끝나지 않으려면 몇 가지 기준을 만족해야 하기 때문에 더욱 그렇다는 말이다.

류현진, 강정호, 박병호. 그리고 김광현, 양현종, 손아섭…….

모두 국내 리그를 대표하는 선수들이지만 메이저리그라는 시험대에서는 정반대의 성적표를 받아들었다. 그렇다면 성공과 실패의 기준은 무엇일까? 일단 성공한 선수들은 준비 기간부터 달랐다.

류현진은 진출 1년 전인 2011년 이미 스캇 보라스의 손을 잡았다. 강정호와 박병호도 넥센의 전폭적인 지원 아래 1년 전부터 미국 언론과 에이전트의 입소문을 탔다. 실제로 미네소타는 예전부터 한국 선수들 가운데 유망주를 스카우트하기 위해서 에이전트를 파견하는 등 많은 공을 들여왔다. 국내 리그는 이미 메이저리그가 주시하고 있는 시장이기도 하다. 그래서 개인적인 기록도 중요하지만, 이에 못지않게 개인 홍보도 절대 필요하다.

특히 메이저리그 구단 중 15개 구단 정도가 일본과 한국의 야구 무대를 줄기차게 지켜보고 있는 것으로 알려졌다. 하지만 마지막 결정의 순간에는 구단 고위층의 방문 여부가 크게 작용하고 있다.

거액이 오가는 계약이라, 눈으로 직접 보지 않은 선수를 스카우트 보고서만으로 결정하지는 않겠다는 확인 절차인 것이다. 이에 앞서 전제 조건은 당연히 선수의 개인적 성적이다. 꾸준하게 리그 최고의 성적을 내고, 국제 대회에서도 경쟁력을 확인한다면 메이저리그의 문턱을 넘을 가능성은 그만큼 높다는 것이다.

2015 시즌 유난히 많은 한국 야구 선수들이 메이저리그를 노크하였다. 그런 현상은 먼저 진출한 '강정호 효과'로 풀이된다. 강정호는 2104 시즌 뒤 포스팅을 통해 메이저리그 피츠버그 유니폼을 입었다. 그는 한국 프로야구에서 메이저리그로 직행한 야수 1호 선수이다.

처음은 걱정 반 기대 반이었다. 한국 프로야구 출신 야수가 메이저리그에서도 통할지에 대한 의문 때문이었는데, 그런 걱정이 이내 사라졌다.

강정호

강정호가 메이저리그에 잘 적응하고 본격 활약하면서 팀에서도 그의 입지가 탄탄해졌다. 메이저리그에서도 강정호, 아니 한국 야구 선수들을 보는 시선이 달라진 것이다. 일본인 야수들이 상당수 메이저리그에 진출했으나 안착하지 못하자, 동양인 야수에 대한 부정적 시선이 높아졌는데 이를 강정호가 한 방에 날려버리면서 메이저리그에서 한국 선수들을 바라보는 시선이 긍정적으로 변했다.

 강정호가 내셔널리그 신인왕 후보에 오르는 등 뛰어난 활약을 펼치자 한국 프로 리그에 대한 이미지와 함께, 한국 선수에 대한 관심이 아주 높아졌다. 특히 일본 리그와 한국 리그의 차이점을 들어 한국 야수들이 일본 야수들보다 메이저리그 스타일과 더 적합하다는 분석까지 나왔다.

 이는 메이저리그 각 구단들이 한국 야수에 대한 관심이 폭증한 배경이다. 이런 분위기가 형성되자 메이저리그를 꿈꾸던 다수의 한국 야수들이 진출을 타진하고 나섰다. 이미 넥센의 박병호는 포스팅을 통해 미네소타와 협상을 진행하여 성공을 거두면서 등번호도 자기 번호인 52번을 그대로 달고 메이저리그에 입성하였다.

 일본 소프트뱅크의 이대호는 한국 리그 최고 타자로 군림한 뒤 일본 리그에 진출했고, 일본 리그에서도 최고 타자 자리에 오른 후 시애틀 매리너스와 1년간 400만 달러에 계약을 맺고 미국에 진출하였다. 특히 이대호는 2015년도 일본 리그 재팬 시리즈에서 한국 선수로서는 처음이며 외국 선수로는 19년만에 최우수상을 거머쥐면서 그의 인기는 정상으로 올라섰다.

 두산의 김현수도 외국 진출을 추진하고 나섰다. 김현수는 2015 시즌 종료 후 FA를 선언하고 2015년 12월 24일 볼티모어 오리올스와 2

년간 700만 달러에 계약을 맺고 메이저리그에 진출했다.

일본 한신의 오승환은 야수가 아닌 투수지만 한국 최고 마무리에서 일본 최고 마무리로 자리를 바꿔 우뚝 섰고, 세인트루이스 카디널스와 3년간 1,100만 달러에 계약을 맺고 2016년 메이저리그에서 실력을 발휘하게 되었다.

모두가 꿈꾸는 최고 무대

메이저리그는 한국 야구 선수들은 물론 내로라하는 야구 강국들의 스타들까지 모두가 뛰고 싶어 한다.

세계 최고 무대에서 최고 선수들과 경쟁하며 자신의 기량을 펼치고 싶은 꿈의 무대이자 욕망의 무대이기 때문이다.

특히 현재 한국 프로야구의 모든 선수가 가지고 있는 꿈의 무대는 단연 메이저리그이다. 그곳으로 가고 싶은 열기는 박찬호가 열어놓은 셈이다. 그가 활약하던 시절 메이저리그를 보면서 모두가 '나도 가고 싶다.'라는 꿈을 키워왔기 때문이다.

박찬호가 한국 선수 제1호 메이저리거로 눈부신 활약을 펼치면서 메이저리그 구단들은 한국 선수에게도 관심을 보이기 시작하였다.

KIA의 서재응, 김병현, 최희섭, 롯데의 송승준, LG의 봉중근, 김선우, 삼성의 조진호, 추신수 등이 메이저리그를 경험하거나 메이저리그 데뷔 일보 직전까지 갔던 선수들이다. 이들뿐만 아니라, 수많은 고교 졸업생들이 메이저리그 꿈을 품고 미국으로 향했다.

하지만 그 꿈을 이루고 성공한 사례는 극히 드물다. 추신수, 김병현 외에는 '성공'이라는 단어를 붙이기 어렵다는 것이 사실이다. 대체로 메이저리그에 잠시 머물다 다시 마이너리그로 내려가는 실의의 행보를 거쳤다. 그만큼 메이저리그로 들어가는 길은 한국 선수들에게 높고도 힘든 길처럼 보였다.

하지만 류현진에 이어 김하성이 메이저리그에 보란 듯이 안착하면서 다시 한국 선수들이 메이저리그로 진출할 수 있는 문이 다시 열렸다. 메이저리그 구단 스카우트들이 한국 선수들에 대한 높은 관심을 보여주면서, 다수의 한국 선수가 진출을 타진하고 있는 것이다.

이런 흐름은 시대가 요구하는 당연한 수순으로 보인다. 따라서 앞으로도 더 많은 선수가 메이저리그 문을 두드릴 것이 분명하다. 메이저리그 진출을 노리는 한국 선수들은 일단 스타급 선수로 떠오른 별들이다.

그들 대부분이 각 구단을 대표하는 얼굴이자 한국 야구를 대표하는 얼굴들이다. 그들이 외국으로 나가고 나면 한국 프로야구는 수준이 떨어질 것이라는 걱정의 목소리가 나오고 있는 것도 그 때문이다.

스타는 팬을 끌어모으는 강력한 흡인력을 가지고 있다. 스타를 통해 구단은 팀의 성적과 흥행, 두 마리 토끼를 잡을 수 있기 때문에 그들을 보호하는데 무척 신경을 쓰고 있다.

이상한 흐름은 한국 팬 대다수가 한국 선수들이 메이저리그에서 뛰는 모습을 보고 싶어한다. 세계 최고 무대에서의 활약에 한국인이라는 자부심을 느끼며 응원하고자 한다. 이런 쏠림 현상은 자연스러운 것으로, 팬들이 한국 리그가 아닌 메이저리그에 관심이 높아져 상대적으로 한국 리그에 대한 관심도가 떨어질 가능성이 생긴다는 것이다. 박찬호가 LA 다저스에서 활약하던 때 상대적으로 한국 리그에 대한 관심도가 떨어진 전례도 있었다.

야구와는 다른 종목이지만 축구 선수 박지성이 잉글랜드 프리미어리그에서 뛰던 시절 국내 축구 팬들 대다수가 프리미어리그와 맨체스터 유나이티드 팬이 되면서 국내 축구 리그에 대한 관심도가 급격히 식었던 사례가 바로 그런 경우이다.

그러나 한편으로는 김하성의 성공 이후, 철저한 준비도 없이 메이저리그 진출을 노리고 있는 선수나 무리하게 진출을 시도하는 선수까지 나타나고 있다는 시선도 있다. 더구나 포스팅에서 '응찰 구단 없음'이라는 어처구니없는 굴욕을 맛본 선수가 생겼다.

박찬호에 이어 김하성의 성공으로 메이저리그로 진출하려는 야구 선수들의 바람은 더욱 거세질 전망이다. 실제로 박찬호의 메이저리그 진출 성공 이후 고교 졸업 선수들이 무분별하게 메이저리그로 향했던 90년대 후반에서 2000년대 초반 한국에서는 메이저리그로 가려운 꿈의 열풍이 거세게 일어났다.

하지만 그때 미국으로 향했던 많은 선수가 야구 선수로의 삶을 제대로 피워보지도 못하고 사라져버렸다. 현재 메이저리그 진출을 노리는 선수들은 한국 리그에서 이미 검증되었기 때문에 한국 야구에 복귀할 여지가 충분하다.

한창 전성기를 맞거나 활약하며 야구의 즐거움을 확인할 시기에서 무리하게 메이저리그 진출만을 꿈꾸다가 실패할 경우 절망감을 맛보면서 좌절에 빠져 야구와 멀어질 수 있다는 경고의 목소리에도 귀를 기울여야 한다.

'야구는 야구 팬을 떠날 수 없다.'라는 말이 있다. 메이저리그에서 뛰는 한국 선수를 응원하는 팬도 야구 팬이고, 한국 리그를 응원하는 팬도 야구 팬이다. 모두가 똑같이 야구에 대한 사랑을 가지고 있다.

야구 팬들의 메이저리그 쏠림 현상에 대한 반론으로 메이저리그를 통해 야구 관심도가 높아지면 한국 리그를 찾는 팬들도 풍성해질 수 있다는 이야기가 나오는 것도 그런 배경에서다.

같은 인기 종목이지만 인기가 다른 종목으로 축구와 야구가 있다.

냉정히 말해서 한국 축구는 아직 세계 최정상 수준은 아니다. 반면 한국 야구는 세계 정상 수준의 경기력을 가지고 있다. 한국 야구는 비록 메이저리거들이 불참했지만 국가 대항전인 프리미어 12에서 초대 챔피언에 올랐다. 메이저리거들이 참가한 월드베이스볼클래식 WBC에서도 야구 강국으로 꼽히는 일본·미국·도미니카공화국·베네수엘라 등을 연파하는 저력을 보여주었다.

현재 한국 프로야구는 10개 구단 체제로 확장돼 1군에서 뛰는 선수

2015 프리미어12에서 우승한 대한민국

들의 숫자도 그만큼 늘었다. 막내 구단인 kt wiz도 2015 시즌 초반 리그 경기력을 저하시킨다는 비판을 받았지만 후반 들어 확실히 좋아진 경기력을 선보이며 리그 흥행에 큰 힘을 보탰다.

스타 선수들이 빠져나간 빈자리도 채울 수 있는 대체 능력이 가능하다. 스타의 빈자리는 또 다른 스타가 메울 수 있기 때문이다.

냉정하게 말해서 투수 자원의 리그 이탈은 큰 걱정거리이다. 하지만 야수는 조금 상황이 다르다. 전력 공백을 메울 대체 자원이 많기 때문이다.

이제 한국 프로야구 무대에서는 스타 선수 몇몇이 이탈한다고 흔들릴 정도가 아니라, 웬만한 강풍에도 흔들림 없이 버틸 수 있을 만큼 그 뿌리가 깊어졌다.

제2장

'불멸의 스타'
선동열 스토리

- 야구 스타에서 지도자로 명성
- '무등산 폭격기'의 주요 기록
- 초등학교 4학년 때 야구 시작
- '헹가래 투수'의 저력
- '0점대 ERA' 신화의 주인공
- KBO 골든 글러브의 영광
- 주니치 드래건즈 시절
- 은퇴 후 KBO 홍보위원에 위촉

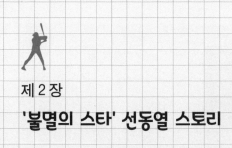

제 2 장
'불멸의 스타' 선동열 스토리

야구 스타에서 지도자로 명성

한국 프로야구 역대 최고 투수로 손꼽히는 야구 스타 선동열은 한 자 표기로 '선동렬宣銅烈'이 본명이다. 팬들은 한국과 일본에서 불멸의 기록을 세운 거인인 그를 '선동열'로 부르며 환호했고, 그도 '선동열' 이라고 쓰고 있다. 따라서 이 책에서도 '선동열'로 표기한다.

1985년 해태 타이거즈에서 프로 생활을 시작한 뒤 1999년 주니치 드래건즈에서 은퇴한 스타, 한 세기에 한 명 나올까 말까하는 대투수 라는 찬사를 받았다. 그 명성에 걸맞게 15년 동안의 프로 생활에서 엄청난 부와 명예를 동시에 누렸다.

한국 프로야구 해태 타이거즈, 일본 프로야구 주니치 드래곤즈에 서 명투수로 활약, 그라운드를 누비며 수많은 팬을 열광시켰다. 그 뒤 로 주니치 드래건즈2003년 고치와 삼성 라이온즈2004년 수석 코치로 지 도자의 길을 걸었다. 삼성 라이온즈의 감독2005~2010년, KIA 타이거즈 감독2012~2014년을 차례로 맡았고, 2017년부터 2018년까지 대한민국

야구 국가대표팀 감독을 지냈다. 1996년 선동열의 등번호 18번은 해태 타이거즈KIA 타이거즈에서 영구 결번되면서 영원한 전설로 남았다. '국보', '무등산 폭격기' 등의 별명이 붙었다.

커리어 하이 시즌은 1986년의 262.2이닝을 던져 24승과 0.99의 평균 자책점에

국내 야구 역사상 최고의 라이벌, 최동원과 선동열

WAR는 무려 14.89이었다. WAR 10 이상을 기록했던 해가 6회나 된다. 한국 프로야구 역사상 투수로서 WAR 10 이상을 두 번 이상 기록한 투수는 오직 선동열 한 사람뿐이다.

야구 용어 'WAR'는 윈 셰어Win Share라는 지표인데 선수의 가치를 매기는 가장 초기적인 지표 중 하나로 얼마나 많은 승리에 기여했는가를 나타내는 수치이다. 방어율, 타율만큼이나 직관적이라는 점에서 매우 유용하다. WAR 14.89이라면 그가 대체 선수에 비해 팀에 14.89승 정도를 더 안겨 주었다는 뜻이다. WAR을 구하는 데에 있어 가장 중요한 부분이 바로 기준을 정하는 일인데, 이 지표의 이름에 나와 있듯, WAR은 대체 선수라는 기준을 가지고 있다.

1993년과 95년에는 팀이 점수가 앞서면 7회부터 나와 9회까지 마무리하는 경우가 많았다. 그럼에도 불구하고 0점대 평균 자책점을 기록할 정도로 상대에게 기회를 주지 않았던 투수로 유명하다. 그에게도 신의 저주가 있었는지 1992년 어깨 부상으로 고생을 했다.

그 아픔을 겪고 마무리 투수로 변신하여, 1993년도에 49경기에 나가 126.1이닝을 던져 마무리 투수로서의 규정 이닝을 채우는 저력을 보여 주었다. 그리하여 0.78의 평균 자책점을 세우는 엽기적인 기록을 세우며 평균 자책점 타이틀을 따냈다. 모두가 당연한 결과라며 찬사를 보냈다.

1994년에 박찬호가 미국으로 진출하자 의욕을 잃은 듯 부진한 모습을 한때 보였으나 다음 해 48경기 출장에 109.1이닝을 던져 0.49라는 믿기 어려운 평균 자책점을 세우며 건재함을 과시했다.

한국 프로야구 선수 가운데 일본에 진출한 최초의 선수가 된 그는 투수로서 1997년에 각종 신기록 행진을 이어갔다. 개인 최다 세이브인 38세이브를 기록해 사사키 가즈히로와 함께 세이브 공동 1위, 구원 2위를 차지하며 일본 팬들을 경탄시켰다. 1999년에 팀의 리그 우승을 이끈 뒤 1999년 11월 22일 은퇴를 선언하고 마운드를 떠났다.

한국야구위원회KBO는 지난해 2022 프로야구 올스타전에 앞서 리그 40주년 기념 레전드 40인 투표 결과를 발표했다. 선정위원회에서 후보 177명을 추천했고, 전문가 투표 80%와 팬 투표 20% 결과를 합산한 것이다.

최다 득표는 '무등산 폭격기' 선동열이 차지했다. 선동열은 전문가 투표 156표 중 155표79.49점, 팬 투표 109만 2432표 중 63만 1489표11.56점를 받아 총점 91.05로 1위에 올랐다. 고故 최동원 전 한화 2군 감독이 그 뒤를 이었다. '무쇠팔'이란 별명으로 기억되는 최동원은 전문가 투표에서 156명 전원80.00점에게 표를 얻었으며, 팬 투표에서 54만 5431표9.99점를 확보, 총점 89.99로 2위를 차지했다.

이종범 LG 2군 감독은 전문가 투표 149표76.41점, 팬 투표 59만

5140표10.90점를 얻어 총점 87.31을 받아 3위에 올랐다. 이승엽 SBS 해설위원은 전문가 투표 149표76.41점, 팬 투표 55만 3741표10.14점을 획득해 총점 86.55로 4위에 자리했다.

'무등산 폭격기'의 주요 기록

한국야구위원회KBO 리그 기록으로는 한국시리즈 우승 6회1986년, 1987년, 1988년, 1989년, 1991년, 1993년의 금자탑을 비롯하여 각종 타이틀을 제외한 정규 시즌 MVP 3회1986년, 1989년, 1990년, 선발 올스타 출전 9회 투수 부분 최다 및 최다 연속 기록: 1986년~1994년, 골든 글러브 6회투수 부분 최다 및 최다 연속 기록: 1986년, 1988년, 1989년, 1990년, 1991년, 1993년 등이 있다.

또한, 연도별 대기록으로는 1986년도 방어율 1위, 승리 1위, 선발승 1위, 구원승 공동 3위, 탈삼진 1위, WHIP 1위, 피안타율 1위, 세이브 4위, 24승17선발승 6패 6세이브, 방어율 0.99, WHIP 0.78, 탈삼진 214개, 피홈런 2개, 1987년도 방어율 1위, 승리 4위, 구원승 공동 1위, 탈삼진 2위, WHIP 1위, 피안타율 1위, 세이브 3위, 14승5선발승 2패 6 세이브, 방어율 0.89, WHIP 0.84, 탈삼진 144개, 피홈런 2개 등의 대기록을 지녔다.

1988년도엔 방어율 1위, 승리 2위, 선발승 공동 4위, 구원승 공동 2위, 탈삼진 1위, WHIP 1위, 피안타율 1위, 세이브 4위, 16승9선발승 5패 10세이브, 방어율 1.21, WHIP 0.85, 탈삼진 200개, 피홈런 3개를 수립했다.

1989년도엔 방어율 1위, 승리 1위, 선발승 9위, 구원승 1위, 탈삼진 1위, WHIP 1위, 피안타율 1위, 세이브 4위, 21승9선발승 3패 8세이브,

방어율 1.17, WHIP 0.77, 탈삼진 198개, 피홈런 2개를 세웠고, 1990년도엔 방어율 1위, 승리 1위, 선발승 공동 4위, 구원승 공동 1위, 탈삼진 1위, WHIP 1위, 피안타율 2위, 22승11선발승 6패 4세이브, 방어율 1.13, WHIP 0.90, 탈삼진 189개, 피홈런 1개를 이룩했다.

1991년엔 방어율 1위, 승리 1위, 선발승 공동 2위, 구원승 공동 9위, 탈삼진 1위, WHIP 1위, 피안타율 2위, 19승15선발승 4패 6세이브, 방어율 1.55, WHIP 0.79, 탈삼진 210개를 올렸으나 피홈런 8개로 최다 홈런을 허용하는 저조를 보였다.

그러나 이러한 대기록 행진도 1992년에는 멈추었다. 어깨부상으로 11게임 등판, 세이브 6위로 떨어진 것이다. 더구나 92시즌 뒤로는 전업 마무리 투수로 전환되어, 2승모두 선발 8세이브, 방어율 0.28, WHIP 0.28를 거두고, 피홈런 0개로 완벽했다.

1993년으로 접어들면서 방어율 1위, 세이브 1위, 구원승 공동 1위, WHIP 1위, 피안타율 1위, 탈삼진 2위, 승리 15위를 기록했고, 10승모두 구원 3패 31세이브, 방어율 0.78, WHIP 0.54, 탈삼진 164개, 피홈런 2개를 허용했다.

1994년은 최악의 시즌으로 기록되었다. 어깨부상으로 27경기, 유일한 KBO 리그 방어율 2점, 세이브 5위, 탈삼진 15위, 6승5선발 4패 12세이브, 방어율 2.73, WHIP 1.22, 탈삼진 94개를 세운 반면, 피홈런 5개를 허용했다.

1995년엔 세이브 1위, 구원승 공동 6위, 탈삼진 6위, 5승모두 구원 3패 33세이브, 방어율 0.49, WHIP 0.58, 탈삼진 140개, 피홈런 1개에 이르렀다.

최저 평균 자책점은 1985년부터 1986, 1987, 1988, 1989, 1990,

1991년까지 7년 동안과 1993년 등 8차례 이어졌다. 최다 승리, 최다 선발승, 최다 탈삼진, 최다 세이브 포인트, 최다 투구 수 등의 '최다' 기록을 지녔는데, 최다 승리는 1986년, 1989년, 1990년, 1991년, 최다 선발승은 1986년에 17선발승, 최다 탈삼진은 1986년, 1988년, 1989년, 1990년, 1991년으로 이어졌고, 최다 세이브 포인트는 1993년과 1995년에 세웠다.

역대 통산 최저 방어율 1.20, 역대 통산 최저 WHIP 0.80, 역대 통산 최다승 4위146승(1,647이닝-비고: 역대 최다승 5위 내 모두 통산 2100이닝 이상), 역대 통산 최다 탈삼진 3위11년 동안 통산 1,698개, 역대 통산 최다 세이브 8위132개, 역대 통산 최소 피홈런 1위통산 28개, 역대 통산 최소 자책점 1위통산 220점, 역대 통산 최소 볼넷 허용 1위통산 342개, 역대 최다 연속 무실점 이닝49⅓이닝 등도 그가 세운 대기록들이다.

초등학교 4학년 때 야구 시작

선동열의 야구 인생은 송정동초등학교 4학년 때 시작되었다. 그 시절 먼저 야구부에 들어간 다섯 살 위의 친형을 보고 "나도 야구를 하고 싶어요"라고 부모님에게 졸랐다. 그러나 여관을 운영하던 아버지 선판규 씨는 둘째 아들이 사업가가 되기를 바랐다. 둘째 아들이 야구를 고집하자 "이왕 할 거라면 최고가 되어라"며 빈 터에 조명 시설까지 갖춘 간이 야구장을 만들어 주었다. 여기서 공을 던지는 연습을 했다.

송정중 2학년 때 유격수에서 투수로 포지션을 바꾸었는데, 야구부가 해체되는 바람에 광주 무등중학교로 전학했다. 한국 야구의 '살아 있는 전설' 선동열은 광주 무등중 시절, 전국 중등학교 야구대회, 청룡기 야구대회 등에서 이미 그 빛을 발산했다. 무등중을 졸업한 뒤 광주상고에 진학할 예정이었으나, 아버지의 뜻에 따라 광주일고에 진학하며 진로를 바꿨다.

오로지 야구만을 생각하고 열정을 바친 투수, 승리를 향한 집념, 철저한 자기 관리, 성공과 실패의 시행착오를 통해 쌓아 올린 야구 경험, 거침없이 달려온 강력한 추진력이 그를 위대한 야구 스타로 만들었다. 1980년 대통령배·황금사자기 전국고교야구선수권대회 최우수 투수상, 1981년 제1회 세계청소년야구선수권대회 MVP, 1982년 제27회 세계야구선수권대회 MVP를 수상했다.

고려대를 졸업한 그는 1985년 해태 타이거즈에 입단해 한국 프로야구 KBO리그에서 뛴 11시즌 동안 통산 367경기 146승 40패 132세이브를 기록했고, 정규 시리즈 MVP 3회, 투수 골든 글러브 6회를 차지했다. 특별히 평균 자책점 부문에서 역사적인 기록을 남겼는데, 데뷔한 1985년부터 1991년까지 7년 연속 평균자책점 1위, 0점대 평균자책점을 3번 세우는 등 놀라운 기록 행진을 거듭했다.

1996년 일본 프로야구 주니치 드래곤즈에 진출해 첫해에는 어려움을 겪었지만, 이듬해 기적처럼 부활해 센트럴리그 최다 세이브38를 기록했고, 1999년에는 리그 우승에 크게 공헌했다. 일본에서의 4시즌 동안 통산 성적 10승 4패 98세이브 평균자책점 2.70을 마지막으로 선수 생활을 마감했다.

2000년 KBO 홍보위원 겸 인스트럭터로 지도자 생활을 시작해 2003년 주니치 드래곤즈 2군 코치를 역임한 뒤, 2004년 삼성 라이온즈 수석코치를 맡았고, 2005년부터 6년간 삼성 라이온즈 감독, 2012년부터 3년간 기아 타이거즈 감독을 지냈다. 2005년과 2006년 한국

시리즈에서 2년 연속 우승했고, KBO 리그 감독 통산 584승 22무 553패의 성적표를 만들었다.

그동안 국가대표 투수코치와 수석코치를 지냈고, 2017년 국가대표 첫 전임 감독으로 선임되어 자카르타-팔렘방 아시안게임에서 금메달을 획득했다.

"과정은 중요하다. 실패도 아름답다. 그럼에도 이겨야 한다."

한국 야구의 살아 있는 전설 선동열의 외침 속에 그의 야구와 승부의 모든 것이 담겨 있다. 한국 프로야구 역사상 최고의 투수, 일본 주니치 드래건즈의 마무리 투수로 코리아의 명성을 떨친 '나고야의 태양', 삼성과 기아 등의 감독을 거치며 2년 연속 통합 우승을 이룬 '거인의 야구', 대한민국 야구 국가대표팀 최초로 전임 감독을 지낸 '전설의 투수'이다.

야구를 먼저 하면서 이끌어 주었다가 어린 나이에 세상을 떠난 형에 대한 추억, 2018년 아시안게임 야구대표팀 전임 감독으로서 국정감사장에 섰던 쓰라림도 가슴에 품고 살아간다.

야구 스타로 우뚝 서게 한 스승, 함께해 준 여러 감독, 존경하는 투수와 타자들에 대한 정도 유별나다. 성공한 인생에 대한 예찬이 아니라, 끊임없이 자신을 시험하고, 실패하고, 다시 실패에서 돌아와 화려하게 부활한 야구 인생에 철학과 애증도 풍요롭고 아름다운 자양소다. 그런 의미는 바로 그가 말한 "48년 야구 인생, 그러나 나는 연장전을 기다린다"라는 말 속에 그대로 녹아 있다.

그는 이런 말을 했다.

"나는 늘 야구장에 갇혀 있었고, 야구장 밖 세상에 어두웠다. 야구인들끼리, 그것도 프로야구인들끼리만 만나고 대화하고 세상 이야기를 나누다 보니 야구장 밖 세상은 어떻게 변해 있는지 지극히 둔감했다. 야구로 치면 경기의 흐름을 뒤바꿔 버린 치명적 실책이었다. 프로야구 선수는, 더구나 국가대표는 늘 국민과 함께해야 하고 시대적 흐름과 함께 가야 한다. 나는 야구를 모르고, 또 잘 모르겠다. 알 길이 없다. 그러나 분명한 건 한 가지 있다. '야구는 희생의 스포츠'라는 것. 이는 나의 경험에서 비롯된다. 나는 누군가의 희생을 딛고 여기까지 왔다. 누군가의 희생 번트로, 누군가의 희생 플라이로 나는 한 루, 한 루를 진루해 이제 한국 나이로 곧 환갑을 맞았다. 나는 홈인해 스포트라이트를 받은 적이 많다. 하지만 나를 위해 조용히 희생 번트나 희생 플라이를 날렸던 선수들은 채 1루를 밟지 못하고 더그아웃으로 돌아갔다."

선동렬의 가치관과 야구 인생의 궤적은 강렬한 변화구처럼 야구팬들의 가슴을 후비고 야구를 사랑하는 모든 사람들과 야구 꿈나무들에게 한 편의 파노라마, 즐거움이 가득한 희망의 직구가 되고 있다. 그는 자신의 쓴《야구는 선동렬》에서 이렇게 밝혔다.

"더 이상 분노도, 슬픔도 없었다. 스스로에게 냉정해졌다. 나 자신에 대해 엄격하게 판단하기로 했다. 그렇다. 나는 우물 안 개구리다. 정직하게 나를 인정하고 나니 스스로에게 겸허해졌다. 나 자신에게 부끄럽지 않도록 최선을 다해 보자. 노력을 다한 뒤에 재기가 불가능하다고 평가받는다 해도, 결코 부끄럽지 않도록 최선을 다해 보자."

그의 야구철학은 매우 감동적이다.

"잘하는 선수는 그냥 놔두면 된다. 못하는 선수에게는 좀 더 따뜻해야 한다. 좀 더 다가서야 한다. 좀 더 마음을 헤아려야 한다."

'헹가래 투수'의 저력

고교 2학년 때는 투수보다는 타자로 두각을 더 나타냈고, 고3 때는 투수로서 1년 후배인 차동철과 함께 원투 펀치를 맡아 팀을 우승으로 이끄는 주력으로 활동했다. 첫 전국대회인 대통령배 전국고교야구대회에서 에이스 겸 5번 타자로 출전해 서울 충암고와 4강전에서 맞섰다. 야구의 여신은 그에게 미소를 보내 4피안타 완봉승을 따냈다.

그러나 결승전은 그야말로 한판의 운명적인 경기였다. 고향의 광주상고를 만난 것이다. 상태 팀은 이순철이 유격수로 뛰었는데, 이 경기에서 선동열은 구원 등판해 팀의 우승을 이끌었다. 같은 해 봉황대기 경기고와의 경기에서 노히트 노런을 기록하면서 '무등산 폭격기', '헹가래 투수'라는 칭호를 받았다.

노히트 노런No Hit No Run은 무피안타 무실점이라고도 하는데, 야구에서 팀이 최소 9회 동안 단 한 번의 안타 및 실점도 허용하지 않고 완투에 성공한 게임이다. 다만 볼넷, 몸에 맞는 볼, 또는 실책 등에 의한 출루는 가능하다. 어떤 타자도 1루에 가지 못한 퍼펙트게임도 당연히 노히트 노런이다. 대한민국이나 일본의 야구에서는 주로 투수의 기록으로 여긴다.

고등학교 3학년이던 1980년에는 한국 프로야구 출범 이전이었기 때문에 대학 진학이 당연시되던 시절이었다. 연세대와 한양대가 그를 입학시키기 위해 각축전을 벌였지만, 고려대는 초고교급 선수인 그의 스카우트 비용이 없어서 오퍼를 넣지 못하고 있었다. 그때 초고교급 야구선수들이 대학 진학을 할 때는 대학 측에서 계약금 지급은 물론이고 실력이 조금 떨어지는 같은 고등학교 출신 다른 선수들도 같이 입학시켜 주면서까지 모셔 오는 것이 하나의 관례처럼 여겨지던 시대였다.

그러나 아버지가 직접 고려대 야구부장에게 전화를 걸어 고려대에 진학시킬 의사를 내비쳤고, 일사천리로 입학 절차가 진행되어 선동열은 고려대학교 경영학과 1981학번으로 입학했다. 입학 동기로는 정삼흠, 한영준이 있으며 선후배로는 김경문, 박종훈, 박노준, 양상문, 양승호 등이 함께 호흡을 맞추었다.

그의 야구 기량은 고3 때 물이 오르고 대학 시절 활짝 피었다. 그도 대학 시절에 공의 속도가 엄청 빨랐다고 회고했다. 물론 뛰어난 투수였다는 점은 변함이 없다. 그때 대학 리그는 알루미늄 배트를 사용했던 시절이었다.

고려대 입학 이후, 대한민국 U-18 야구 국가대표팀에 차출되어 1981년 제1회 세계청소년야구대회에서, 김건우, 조계현 등과 함께 초대 우승을 일궈내는 기록을 세웠다.

정기 연고전에도 두 차례 출장해 모두 완봉승을 기록했다. 1981년에는 출장하지 못했고 팀은 0 대 3으로 패배했다. 1982년에는 3 대 0 완봉승을 거두었다. 치열한 과열 양상을 보이자 1983년에는 두 대학교 총장이 성명서

를 발표하면서 연고전이 무산되었고, 1984년에는 6 대 0 완봉승을 거두었다.

1982년에는 만 19세라는 비교적 어린 나이에 대한민국 야구 국가 대표팀에 선발되어 당시 서울에서 열린 세계야구선수권 대회에서 미국, 대만, 일본전에서의 거듭된 변화구 강력한 호투로 대한민국 우승의 주역이 되면서 헹가래의 주인공이 되었다. 이를 계기로 최동원의 뒤를 이어 국가대표 우완 에이스 자리를 물려받았다.

1984년에 동아일보를 통해 LA 다저스에서 오퍼를 받았다는 발언을 하였고, 본인도 여러 인터뷰를 통해 1982년에 다저스에서 영입을 제안받았다는 발언을 했다. 1984년 한미 대학야구 선수권대회에서 4차전과 6차전 경기는 부진했지만, 1984년도에 LA 올림픽에서는 좋은 기량을 보였다. 이 경기에선 16이닝 자책점 1점, 1승 1패 방어율 0.56을 기록한 것이다.

초특급인 투수를 놓치지 않으려는 각축전도 벌어졌다. 해태는 구단의 사정이 좋지 않아 최대한 계약금을 깎아 보려고 이런저런 수를 썼다. 하지만 그는 최소 3억 원을 요구했고, 해태는 난색을 드러냈다. 이 과정에서 군대 면제에도 실패하고, 대학원 진학을 꿈꾸고 있었다. 대학원 시험을 쳤는데 이것마저 떨어져 실의에 빠졌다. 해태는 그가 돌아올 것이라고 여겼지만, 그는 한국화장품 야구단으로 들어갔다. 성난 해태 팬들의 난리로 해태 사무실과 선동열의 집에 있는 깨질만한 물건들은 모두 박살이 나고 말았다.

그런 분위기 속에서 1985년 새해가 밝았으나 해태와의 협상은 불발하고 한국화장품 합숙 훈련에도 불참하는 사태가 벌어지더니 군부대인 상무 입단을 선언했다가 번복하는 등 오락가락하는 국면이 이어졌다. 결국 선동열은 한국화장품 유니폼을 입었지만, 어머니의 간곡한 설득 끝에 1985년 3월 25일 해태 팀으로 들어갔다.

그러자 이번엔 한국화장품 측에서 반발, 이중 계약 선수라는 누명에 휩싸였다. 프로 입단 무효 가처분 소송이 걸렸고, 5월에는 해태가 그를 1군에 등록 강행하겠다고 하면서 기 싸움이 가열되는 양상을 보였다. 드디어 KBO가 그를 당분간 출전시키지 않는 대신 소송을 취하하는 것으로 조정 합의를 통해 '선동열 사건'은 큰 일없이 마무리되었다. 이 사건으로 대학을 졸업하고 실업야구에 진출한 선수는 실업야구에서 최소 2년을 뛰어야 프로에 진출할 수 있다는 규정이 명문화되었고, 선동열은 전반기는 뛰지 못하고 1985시즌 후반기부터 등판하게 되었다.

이렇게 복잡하게 얽혔던 사건이 풀리고 프로에 입성한 후 그의 전설은 날개를 달았다.

삼성 라이온즈와의 첫 프로 경기에서 7회까지 4피안타 무실점 호투를 했는데, 김응용 감독이 계속 던지게 해서 결국 8회에 무너졌다. 7.2이닝 동안 5실점으로 데뷔 경기를 마쳤다. 겸손해지라는 뜻에서 데뷔전을 실점할지도 모르는 상황으로 밀어 넣었던 것이다.

경기가 끝난 뒤에 "좋은 경험을 얻었다. 데뷔전에서 승리 투수가 됐더라면 자만심에 들떴을지도 모른다. 오히려 지금의 심정은 패전 투수가 된 것이 나의 프로 생활을 위해 잘된 것 같다."라고 털어놓았다.

더구나 "80% 정도는 힘으로 던졌다. 컨디션은 좋지 않았지만 최강타자들로 구성된 삼성 선수들과 대결하고 나니 프로에서도 내 공이 통할 수 있겠구나 하는 자신감을 얻었다."라고 말하는 패기도 드러냈다.

'0점대 ERA' 신화의 주인공

평균자책점平均自責點은 야구에서 투수가 한 게임 9이닝 동안 내준 평균자책점을 말한다. 2000년대 중반까지는 방어율이라는 용어가 주로 사용됐지만 2010년대부터는 잘 쓰이지 않고 있다. 야구에서 주로 쓰지만 다른 구기에서도 쓰인다. 경기당 실점이라고 하며 출장 시간을 사용한다. 이게 낮을수록 수비 간의 조율이 잘 된다고 보아 숫자가 낮을수록 좋은 것이다. 상대 팀에게 허용한 자책점이 더 적다는 뜻이기 때문이다.

KBO 리그 2018시즌 기준으로는 144이닝. 타자가 타율왕이 되려면 규정 타석을 채워야 하듯이, 투수도 반드시 규정 이닝을 채워야만 시상 대상이 된다.

선발과 구원의 분업이 제대로 이루어지기 전에는 선발과 구원을 오가는 전천후 투수가 타이틀홀더가 되는 경우도 종종 있었으나, 현대 야구에서는 규정 이닝을 채우는 구원투수는 한 명도 없다고 봐도 되기 때문에 선발투수 외에는 타이틀홀더가 될 수 없다.

타자 역시 타율, 출루율, 장타율 등의 타이틀홀더를 정함에 있어, 규정 타석에서 몇 타석 정도 모자라는 경우 그 모자란 타석 수만큼의 아웃카운트를 추가하여 재계산하더라도 여전히 1위가 된다면 타이틀을 차지할 수 있으나, 투수는 그런 규정도 없다. 투수는 이론적으로 아웃카운트를 잡지 못하고 무한정으로 점수를 내줄 수 있기 때문이다.

야구 경기에서 투고타저投高打低, 곧 리그의 투수 능력이 타자들 보나 뛰어나 리그 전체적인 득점 저하가 일어나는 현상이 생기면서 투수들의 기록은 전반적으로 좋고, 타자들의 기록은 평균보다 나빠지는 경우가 일어나고 있다. 그런 현상으로 리그 1점대 방어율 선발 투수가 한때 5~6명까지 나왔을 정도이다.

KBO에서는 선동열이 시즌 평균자책점 0.78과 더불어서 통산 평균자책점 1.20 기록까지 차지하는 몬스터 같은 기록을 남기며 평균자책점 분야에서는 거의 신이나 다름없었던 투수로 이름을 날렸다. 구원이라 평가절하하는 경우도 있지만 애당초 이 시기에는 선발이고 구원이고 죄다 구르던 시절이라 딱히 수혜가 있었던 건 아니다.

대학에서 학점을 주로 소수점 둘째 자리까지 표기하는 것도 평균자책점 표기와의 공통점에 착안하여, 학사 경고가 없던 시절에는 평균학점이 매우 낮을 때 '선동열 방어율 수준의 학점'이라고 표현했다. 실제로 '선동열 방어율'로 검색하면 그에 대한 이야기 못지않게 대학 성적 이야기가 나온다. 20대 대학생들에게 익숙한 투수인 클레이튼 커쇼, 류현진 등의 변형도 나오고 있다. 여기서 파생되어 학점 이외에도 매우 낮은 수치라는 점을 강조하기 위해 종종 유명 투수들의 방어율이 언급되기도 한다.

1986시즌 최종 성적은 262.2이닝, 24승 6패, 6세이브 ERA 0.99, 214삼진 19완투 8완봉 RA9-WAR 15.09였다. 정규 시즌 MVP와 투수 골든 글러브도 당연히 안았다.

그때 한국 프로야구는 전후기 리그를 채택하고 있었는데, 1986시즌 한정 제도상의 문제로 전기 리그 2위, 후기 리그 2위를 마크한 해태가 한국시리즈에 어부지리로 직행하는 행운을 따냈다. 삼성과 대결한 1986년 한국시리즈 1차전에 선동열이 선발 등판해 9이닝 3실점을 기록했고, 팀도 연장 끝에 승리했다.

4차전에도 선발 등판해 6이닝 2실점을 기록했고, 마지막 경기인 잠

'국보급 투수' 선동열

실 5차전에서는 6회부터 구원 등판해 4이닝 세이브를 거둔다. 우승이 확정되는 순간 헹가래 투수의 영광도 당연히 그의 몫이었다.

1987년에는 162이닝 동안 14승 2패 6세이브에 ERA 0.89 RA9-WAR 10.53을 기록하며 2년 연속 0점대 평균자책점이라는 독보적인 대기록을 세웠다. 하지만 아쉽게도 투수 골든글러브는 김시진에게 밀려서 놓쳤다.

1987년에 해태는 후기 리그 2위를 기록하며 플레이오프에 직행, 여기서 승리하면서 한국시리즈에 진출하게 된다. 이때 선동열은 부상으로 한국시리즈에서 2차전에만 등판했지만, 다행히 해태가 2년 연속 한국시리즈 우승에 성공하면서 선동열도 덩달아 승리 투수가 되었다.

KBO 골든글러브의 영광

1988년은 한국 프로야구가 전후기 리그로 펼쳐진 마지막 시즌이다. 해태는 전기 리그 우승, 후기 리그 우승을 거머쥐면서 한국시리즈에 직행하는 저력을 보였다.

선동열은 1988시즌 역시 16승 5패 10세이브 ERA 1.21 RA9-WAR

11.72를 기록하면서, 에이스로서 팀의 3년 연속 한국시리즈 우승을 이끌었다. 특히 1988년은 1986년에 이어 선동열이 선발로서 두 번째로 잘 던졌던 시즌이라 안타까움이 더했다. KBO 단일 시즌 WAR로만 봐도 86 선동열-83 장명부-85 김시진에 이은 4위를 기록했을 정도이다. 그해 투수 골든글러브도 차지했다.

1988년 어린이날 KBS에서 방송된 국산 애니메이션 아기공룡 둘리 2에 선동열이 출연하자 도우너가 감탄하면서 환호성을 지르는 장면이 있었는데, 그 장면은 그 시절 선동열의 국민적 위상을 그대로 보여 주고 확인할 수 있는 대목이라고 꼽혔다.

1989년에도 KBO 골든글러브 투수 부문 수상자의 영광을 안았다. 그해에는 21승 3패 8세이브 ERA 1.17 RA9-WAR 10.70을 기록했고, 다음해인 1990년에는 22승 6패 4세이브 방어율 1.13 RA9-WAR 11.21을 기록해 2년 연속으로 정규 시즌 MVP와 함께 투수 3관왕, 투수 골든글러브까지 석권하며 전성기를 누렸다.

1989년에는 한국 프로야구 역사에 새겨진 경기가 몇몇 있었다. 5월 9일 대전 빙그레전에서 유승안에게 프로 데뷔 이래 첫 만루 홈런을 허용하는 실책을 했다. 7월 6일 광주 삼성전에서는 그의 프로 생활 처음이자 마지막 노히트 노런을 기록하여 무등산 스타의 저력을 유감없이 보여 주었다. 그해는 전후기 리그가 폐지되고 단일 리그로 시즌이 치러진 첫해였다.

해태는 단일시즌 첫해에 정규 리그 2위를 마크하면서 플레이오프에 직행했다. 태평양과의 플레이오프에서 선동열은 1차전 구원승, 3차전 구원승으로 팀을 한국시리즈로 이끌면서 팬들을 사로잡았다. 그해 플레이오프 3차전 이후 빙그레와의 한국시리즈에서 선동열은 1

차전에 선발 등판했는데, 이강돈에게 선두 타자 홈런을 허용하는 등 부진한 투구를 보이며 흔들리더니 끝내 패전투수가 되고 말았다. 그렇지만 3차전에서 세이브, 5차전에서 구원승을 거두며 명예 회복에 성공하고, 아울러 팀의 4년 연속 한국시리즈 우승도 이끌었다. 우승을 확정 짓는 순간 헹가래 투수가 되면서 공중으로 솟아올랐다.

1989시즌이 끝나고 항공사 스튜어디스 출신 김현미를 만나 백년가약을 맺고 다음 해 1월 결혼식을 올렸다.

1990년에는 광주에서 빙그레를 상대로 개막전을 펼쳤는데, 초반부터 난타를 당하며 흔들거려 우려를 자아냈다. 그때 선동열의 대학 후배인 박동희가 선동열의 역대 최고액 계약금을 갱신하면서 데뷔했고, 데뷔전에서 최고 155km를 뿌리면서 6타자 연속 삼진을 잡는 등 마운드에 선풍을 일으켰다.

1990 플레이오프에서 삼성에게 덜미를 잡히면서 5년 연속 한국시리즈 진출이 좌절되는 수모를 당했다. 그때 선동열은 구원 등판한 1차전에서 삼성 김용국에게 홈런 등을 맞아 무너지고, 다음날 2차전에도 2점 차로 앞선 9회 초 2아웃에 구원 등판했으나 역시 김용철에게 동점 홈런을 얻어맞고, 연장전에 가서는 역전까지 허용하는 부진을 겪었다.

1991년에는 선수 생활 7년 만에 연봉 1억 원 계약을 맺으면서 날개를 달았다. 그해 역시 역사에 새겨진 경기가 있었다. 5월 21일 대전 빙그레전에서 승리투수가 되면서 김응용 감독의 개인 통산 500승 기록에 기여한 것이다. 6월 19일 광주 빙그레전에서는 13이닝을 완투하며 KBO 한 경기 최다 탈삼진 신기록인 탈삼진 18개를 갈아치웠다. 이 기록은 현재까지도 깨어지지 않고 있으며, 2010년 류현진이 9이닝 기준 최다 탈삼진인 17개를 기록할 때 다시 한번 거론되었지만,

무너지지 않았다.

1991년에도 19승 4패 6세이브 ERA 1.55, RA9-WAR 10.90을 기록하며, 또다시 투수 3관왕과 투수 골든글러브를 차지했다. 정규 시즌 MVP는 35홈런을 터뜨리며 거센 돌풍을 일으킨 빙그레 이글스의 장종훈이 스타가 되었지만, 해태가 6번째 우승을 달성하면서 정규 시즌 MVP를 놓친 아쉬움을 달랬다.

그해 해태는 정규 리그 1위를 마크하면서 한국시리즈에 직행했다. 1등 공신은 역시 선동열 투수였다. 한국시리즈 1차전에 선발 등판해 완투승을 기록했고, 마지막 경기인 4차전에서는 8회에 구원 등판해 9회에 마지막 타자를 삼진으로 처리하며 1989년 한국시리즈 마지막 경기에 이어 포수 장채근과 함께 승리의 기쁨을 나눠 가졌다.

시즌이 끝난 뒤 11월에는 일본에서 개최된 제1회 한일 슈퍼게임에도 참가했다. 나가라가와 구장에서 펼쳐진 5차전에 선발 등판해 5타자 연속 삼진 포함 3이닝 무실점의 호투를 펼쳐 팬들에게 감동을 안겨주었다.

선동열의 1992년도 기록은 2승 8세이브 ERA 0.28로 남았다. 특이할 만한 사항으로는 부상 와중인 6월 21일 잠실 KBO 올스타전에 서군의 선발투수로 등판했으나 한 타자를 상대했다는 점이다. 7월에 구원투수로 복귀하긴 하지만, 얼마 후 시즌 아웃되었다. 해태는 선동열이 없는 가운데서도 정규 리그 2위를 차지했지만, 1992 플레이오프에서 5차전까지 가는 접전 끝에 롯데에게 패배하고 무너졌다.

그때 정규 리그 1위였던 빙그레나 한국시리즈 우승을 차지한 롯데의 전력이 매우 강력한 탓도 있었지만, 선동열을 제외하고도 10승 투수가 5명이나 나왔던 1992년의 해태 타이거즈 전력을 고려하면 해태로서는 매우 아쉬웠던 시즌이다. 선동열이 시즌을 거의 공치다시피 한 해태는 1992 플레이오프에서 롯데의 기적 행진의 제물이 되는 희생자로 전락한 셈이다.

1993시즌, 선동열은 49경기 126이닝 10승 3패 31세이브 ERA 0.78, RA9-WAR 10.29를 기록했다. 평균자책점 0.78은 지금도 깨어지지 않고 있는 기록이다. 아쉽게도 정규 시즌 MVP는 김성래가 가져갔지만, 대신 투수 골든글러브를 다시 차지했다. 그해 해태는 정규 리그 1위를 마크하면서 한국시리즈에 직행, 삼성과의 한국시리즈에서 선동열은 팀의 7번째 우승이자 자신의 선수 시절 마지막 한국 프로야구 우승을 이끌었다. 그해 한국시리즈 MVP를 차지한 이종범에 가려졌지만, 1차전 2이닝 무실점세이브, 3차전 7.1이닝 1실점무승부, 6차전 4이닝 무실점구원승, 7차전 4이닝 1실점세이브을 거두면서 선동열의 한국시리즈 커리어를 통틀어도 가장 빛나는 투구를 보인 무대가 바로 1993년 한국시리즈였다는 평가를 받았다.

1994년 선발투수로서의 한계를 느낀 선동열은 그다음 해이자 한국 프로야구 마지막 시즌이었던 1995년에는 전업 마무리로 뛰게 된 것이다. 일단 연봉은 1억 3,000만 원으로 동결되었다. 특히 7월 20일 잠실 LG전에서는 그의 프로 생활 중 최고 구속인 155km를 찍었다.

시즌이 끝난 뒤 11월, 제2회 한일 슈퍼게임에 참가한 그는 1차전-2차전-5차전에서 인상적인 투구를 펼치면서 다시 한번 일본 야구계의 주목을 받았고, 우여곡절 끝에 결국 주니치 드래곤즈로 이적하는 선수가 되었다.

주니치 드래곤즈 시절

1995년 당시에는 FA 제도가 없어서 선수들이 팀을 옮길 수 없었다. 아무리 팀에 공헌을 많이 해도 구단이 풀어 주지 않으면 어디로도 갈 수 없는 상황이었다. 1995시즌이 끝난 뒤 선동열은 해태 구단에 해외 진출을 원한다는 뜻을 분명하게 밝혔다.

그러나 11년간 6회 우승에 이바지한 그를 내놓을 경우 팀의 전력이 떨어질 것임을 알고 있었던 해태 구단은 그의 해외 진출을 반대했다. 1년만 더 뛰고 1996년 우승한 뒤에 떠나라고 했다. 그러나 선동열은 은퇴 불사를 강력하게 펼치면서 맞섰다.

국민들도 대다수가 그의 해외 진출을 찬성하면서 일본 프로야구팀 주니치 드래곤즈로 임대시키기로 결정, 이적료 3억 엔에 주니치와 임대 계약을 맺고 한국을 떠나 일본으로 건너갔다. 주니치에 입단하면서 달게 된 등번호는 20번. 주니치 드래곤즈의 투수 에이스들이 차례로 달았던 등번호이다.

선동열의 일본 프로야구 공식 진출을 뜨거운 열풍을 일으켰다. 당시 KBS에서 일요 스페셜 '선동열'을 편성했고, 그에 대한 팬들과 언론의 관심도 폭발적이었다. 선동열은 4월 5일 개막전을 치렀다. 이틀 후인 4월 7일 히로시마전에서는 1이닝 무실점으로 첫 세이브를 기록했고, 나고야 홈에서 등판한 한신전에서도 2이닝 무실점 세이브를 기록하며 적응에 성공하는 듯하였으나 4월 14일 도쿄돔 요미우리전 8회 3 대 0 리드 상황에서 등판해 동점을 허용하는 등 고전했다. 타선의 도움으로 가까스로 승리투수가 되기는 했지만, 이 경기에서 팔꿈치 부상이 발생해 한 달 넘게 2군에서 재활하다가 5월 말에야 1군에 복귀했다.

6월 1일 도쿄돔 요미우리전 3 대 2 리드 상황 7회에 등판해 1.1이닝 4실점을 기록하며 패전투수가 되었고, 선발 투수로 전환한 6월 6일 한신전에서도 2이닝 4실점 조기 강판되었다. 전반기 마지막 경기인 7월 18일 도쿄돔 요미우리전에서 2.2이닝 무실점 승리투수가 되면서 3경기 연속 구원승을 올리면서 후반기 반전에 대한 기대도 높였다. 후반기 첫 등판 경기였던 7월 27일 진구구장 야쿠르트전에서 후루타 아쓰야에게 피홈런을 허용하는 등 불안은 계속되었다.

1996년 9월 중순, 선동열은 호시노 감독의 지시에 따라 2군으로 내려갔다. 페넌트 레이스가 끝나기 3주 전, 호시노 감독에게서 완전히 시즌 포기 통보, 곧 교육 리그 강등 지시를 받았다.

일본 진출 첫해인 1996년 그는 프로 데뷔 이래 최악의 시즌을 맞았다. 국내 프로야구보다 좌우 폭이 좁고 상하 폭이 넓은 일본의 스트라이크존 적응 문제와, 더 높은 레벨의 일본 타자들을 상대해야 하는 부담감 등으로 일본 리그에 적응하는 데 어려움을 겪었다.

일본 타자들은 뛰어난 선구안으로 볼넷을 얻어내거나 뛰어난 볼 감각 능력을 바탕으로 안타를 만들어 내는 바람에 선동열 입장에서는 속수무책이었다.

일본 진출 첫해인 1996년 선동열은 수비 무관 평균자책점인 FIP는 2.74로, 평균자책점에 비해 좋은 점수를 받았음에도 실력에 비해 운이 따라 주지 않은 시즌을 보냈다. 해태 시절보다 노쇠화로 인해 구위가 떨어져서 성적이 좋지 못하다는 말까지 나돌았다.

굴욕을 맛본 그는 1996년 시즌이 끝나고 겨울이 되자 마음을 다잡고 투수코치에게 직접 개인 훈련을 부탁해서 대대적인 수정에 들어갔다. 이때 어찌나 독하게 훈련했던지 "한국에서 저렇게 훈련했으면

30승은 했을 거다."라는 말까지 들었다.

3,000개 투구와 하체 단련으로 제구력을 다잡고 스트라이크존에 적응하기 위해 노력하며 투구 폼을 수정하고 견제 능력을 보완하는 등 본인의 피나는 노력을 했다. 그러한 자기 성찰과 피나는 훈련 덕분에 선동열은 1997시즌에 드디어 자신의 명성을 되찾는 데 성공했다.

그해 KBS에서는 제헌절과 광복절 두 번에 걸쳐 박찬호와 선동열 특집방송을 편성했고, MBC에서는 7월에 허구연 해설위원이 직접 일본을 방문해 선동열 스타 다큐 프로를 제작하기도 했다. 그의 일본 진출은 이종범에 이어 이상훈까지 주니치에 합류하게 되면서, 일명 주니치 한국인 3총사가 탄생했고, 다른 선수들의 일본 진출을 위한 교두보이자 구심점이 되었다.

훗날 그는 "나의 전성기는 한국 시절이 아니라, 일본에서 뛴 시절"이라고 회고했다.

은퇴 후 KBO 홍보위원에 위촉

그는 2000년에 한국 KBO의 홍보위원으로 위촉되어 새로운 길로 들어섰다. KBO는 1982년에 출범한 한국야구위원회를 말한다. 대한민국의 프로야구 리그를 총괄한 기구이다. 리그 명칭은 2014년까지 한국야구선수권대회였으나, 2015년부터 리그 상표 정체성 통합을 위해 KBO 리그라는 브랜드로 재출범했다. 그러나 주관 단체는 여전히 한국야구위원회KBO다. 1982년 프로스포츠로 탄생한 이래, 2023년으로 42번째 시즌으로 접어들었다.

프로야구 리그가 출범한 첫해에 참가한 구단은 삼성 라이온즈, OB

베어스, MBC 청룡, 삼미 슈퍼스타즈, 해태 타이거즈, 롯데 자이언츠 등 6개 구단이었다. 역사적인 첫 경기는 1982년 3월 27일 동대문야구장에서 열린 MBC 청룡과 삼성 라이온즈의 경기였다. 삼성의 투수 이선희와 맞선 MBC의 이종도가 끝내기 만루 홈런을 통쾌하게 터뜨리며 MBC 청룡이 11 대 7로 승리를 거두고 헹가래를 올렸다.

그해 팀당 80경기씩 240경기가 열렸다. 원년답게 풍성한 기록들이 쏟아졌다. OB의 박철순이 22연승을 거두고, MBC의 백인천이 4할 타율을 기록했으며, 해태의 김성한은 투타를 겸업하며 3할 타율에 13홈런, 10승을 기록하는 등의 진기록이 쏟아졌다.

KIA 감독 선동열

선동열은 시드니올림픽 국가대표팀 전력분석관으로 활동했다. 2003년 시즌이 끝난 뒤에 김인식의 후임으로 두산 베어스가 그에게 감독직을 제의했으나 그와 구단 사이에 이견을 보여 협상이 결렬되어 감독으로 선임하지 않았다. 그 뒤 김응용 감독의 부름을 받아 라이벌 팀 삼성 라이온즈의 코치로 부임한 그는 본격적으로 KBO 리그 지도자의 길로 들어섰다. 2004년 한국시리즈 이후 선수단 인사에서 김응용 감독이 구단 사장으로 자리를 옮기고 그는 삼성 라이온즈의 감독으로 취임했다.

삼성 라이온즈 감독의 첫 작업으로 박진만, 심정수를 FA로 영입해 호화 멤버로 팀을 만들었다. FA는 프로야구 자유계약선수를 말한다. 이로써 프로야구에 FA 시장이 활짝 열렸다. 이때 삼성 라이온즈를 '레알 삼성'이라 불렸다. 레알은 많은 돈을 의미하는 은화銀貨로 스페인 통화 단위이다. 그 뒤 WBSC 프리미어 12 국가대표팀 투수코치로 활동하다가 2017년 7월 대한민국 야구 국가대표팀 전임 감독으로 자리를 옮겼다.

선동열은 1994년 같은 팀 선수였던 이종범과 가수 양수경과 함께 프로젝트 그룹 Two & One을 결성하여 앨범을 내고 가수 데뷔하기도 했다. 1999년 11월 22일, 은퇴를 선언하고 마운드를 떠났다. 하지만 대한민국의 국보급 투수는 깔끔하게 은퇴를 결심하고 KBO의 레전드로 남으면서 그의 광채는 찬란하게 빛났다.

제3장

'코리안 특급'
박찬호 스토리

제3장
'코리안 특급' 박찬호 스토리

스포츠로 운명 바꾼 스타

올림픽, 유니버시아드, 메이저리그 등 국제적인 스포츠를 통해 운명을 바꾼 글로벌 스타들은 수없이 많다.

세계 스포츠 대회에서 태극기를 휘날리며 운명을 바꾼 우리나라 스타들 가운데는 리듬체조의 손연재, 배드민턴의 이용대, 유도의 왕기춘, 양궁의 김수녕과 기보배, 체조의 양학선, 수영의 박태환, 마라톤의 황영조, 피겨의 김연아, 골프의 박세리, 축구의 박지성 등 여러 명이다.

그 가운데서도 글로벌 야구 스타 박찬호는 1991년 미국 LA에서 열린 한·미·일 친선 고교대회가 운명을 바꾸게 한 무대였다. 그때 메이저리그 스카우터들이 시속 150km의 직구를 던지는 한국인 고3 선수에게서 시선을 떼지 못하고 있었다.

여기서 박찬호가 인생 역전을 하게 되는 순간을 맞았다. 그리고 뒷날 '코리안 특급'의 주인공이 된 것이다.

하지만 그런 눈부신 활약에도 불구하고 국내에서는 다른 학교 동기생들인 고교 스타 임선동, 조성민 등에게 묻히고 말았다. 그때 92학번들은 58년 개띠생의 77학번인 최동원, 김시진, 김용남 이후 15년만의 야구 황금 세대를 이루고 있었다.

프로야구 사상 첫 억대 연봉 선수도 탄생했다. LG 트윈스와 당시 OB 베어스가 2~3억 원대의 계약금을 임선동과 조성민에게 제시했다는 이야기가 돌고 있었다. 그때 빙그레가 박찬호에게 제시한 계약금은 3,000만 원대였다.

결국 박찬호는 가족들의 권유 등으로 프로 진출을 포기하고 한양대학교에 진학했고, 대학생 신분으로 출전했던 1993년 버펄로 유니버시아드대회를 통해 그의 인생은 전화위복의 계기를 맞았다.

실제로 1993년 8월 미국 버펄로 유니버시아드대회 국가대표 1차 명단에는 박찬호의 이름이 없었다. 하지만 타자 강혁이 부상으로 대표팀 명단에서 빠지면서 투수 박찬호가 그 자리로 대신 들어갔다.

그리고 박찬호는 유니버시아드대회에서 팀의 4승 중 1승 3세이브를 기록하며 한국팀을 준우승에 올려놓았다. 박찬호를 예의주시하던 메이저리그 스카우터들은 그의 총알 같은 강속구에 매료되어 뜨거운 러브콜을 보냈다.

박찬호는 결국 계약금과 연봉을 합쳐 130만 달러_{당시 10억 5,000만 원}에 다저스와 계약을 맺고 다저스 유니폼을 입었다.

미국 메이저리그를 14년간 누비며 아시아 투수 메이저리그 최다승 등 숱한 기록을 만들어 낸 코리안 특급 박찬호의 신화가 유니버시아드대회를 통해 이루어진 것이다.

꿈의 무대로 화려한 진출

박찬호는 충청남도 공주시가 배출한 코리아의 초특급 야구 스타이다. 한국야구위원회KBO 한화 이글스팀의 투수로 활약하다가 메이저리그에 화려하게 진출하였다.

그러나 1994년 LA 다저스에서 데뷔한 박찬호는 미국 프로야구의 벽이 높다는 것을 먼저 실감하였다. 박찬호의 메이저리그 경력은 영광과 고뇌의 순간들이 겹쳤다. 로스앤젤레스 다저스에 들어가 1년 동안 활약한 그는 희비 쌍곡선이 교차되면서 아메리칸 드림이 무지개처럼 드리웠다.

메이저리그 베이스볼로 직행했던 그는 마이너리그 베이스볼로 강등을 당했고, 그 뒤에 샌안토니오 미션스와 앨버커키 듀크스 시절을 거쳐 로스앤젤레스 다저스에서는 1996년부터 2001년까지 뛰었다.

여기서 그는 첫 시즌부터 본격적인 풀타임 메이저리그 리거로서의 활동을 시작하였다. 춘계 훈련을 통해 기량을 다지고 한국인 투수 출신으로는 최초의 메이저리그 첫 승리를 따냈다.

풀타임 메이저리그 선수의 무거운 임무를 부여받고 1997년 시즌에 선발 고정 투수로 등판하였다. 다음해 1998년 시즌에는 전년도 승수를 경신하는데 집중하면서 그해 드디어 7월의 MVP를 차지하고 새로운 승수 기록을 쌓아나갔다. 그러나 1999년 시즌은 그에게 또다시 시련기였다. 경기 중에 사소한 일로 타자와 다투는 일이 벌어졌다. 이로 인하여 마운드에서 퇴장당하는 불상사가 빚어졌다.

"박찬호, 벌써 한계가 왔나?"

"도대체 왜 그러나?"

박찬호

　매스컴들이 쑥덕거렸다. 하지만 그는 스스로 굳게 다짐하였다. 그해 후반기는 7연승을 거두었다. 시즌 첫 등판한 경기에서 보기 좋게 승리를 거두었다.

　그리고 7이닝 무실점에 메이저리그 야구 사상 첫 홈런을 날리는 쾌거에다가, 첫 완봉승도 이룩하였다.

　2001년 역시 한국인 최초로 올스타전에 출전하는 영광을 안았다. 생애 첫 올스타전 출전 선발 투수로서 6이닝 이상을 던지고 3실점 이내로 막아 내는 등 27차례에 걸쳐 퀄리티 스타트의 영광을 기록하였다. 이와 함께 시즌 최다 이닝인 234이닝과 최다 탈삼진인 218개를 기록하면서 자신의 최고 기록도 바꾸어 놓았다.

　그해 그가 보인 기량은 가히 폭발적이었다. 2001년 시즌 전반기에 보여 준 박찬호의 투구력은 그가 메이저리그에 진출한 뒤 최고 수준으로 기록되었다. 그해 7월까지 15경기에서 연속 퀄리티를 기록하면서 최고 정상급의 피칭력을 발휘하였다. 그런 위력으로 올스타전 이전까지 8승 5패, 방어율 2.80을 기록하면서 한국 선수로는 처음으로 당당하게 올스타전 마운드에 들어섰다.

하지만 마운드의 여신은 그를 반갑게 품어 주지 않았다. 계속 이어지는 타선 지원 부족과 갑작스러운 허리 부상을 겪는 사이에 코칭 스태프와의 불화까지 겹치면서 후반기에는 부진의 늪에서 벗어나지 못했다. 시즌 초반에 기대를 한몸에 받으면서 등극한 그는 어느 해보다도 뛰어난 구력을 발휘하였지만, 저조하고 평범한 성적으로 시즌을 마감한 것이다.

여기에는 반드시 이유와 원인이 있었다. 그 원인 중의 가장 큰 요인은 뜻밖에 찾아온 허리 부상으로 인한 통증이었다. 이로 말미암아 그는 시즌 도중 계속된 러닝 훈련을 소화하지 못했고, 시즌 중반부터는 체력이 떨어지는 후유증에 시달렸다. 더구나 그가 등판하면 불을 내뿜던 타선도 침묵을 지키는 이상기류가 생기는 것이었다. 2001년 시즌에 그가 등판한 경기에서 팀 타선이 올린 기록은 경기당 4.35점, 내셔널리그 선발 투수 가운데 31위에 해당되는 기록에 머물렀다.

■ 초등학교 3학년 때 야구 시작

박찬호가 야구 인생의 꿈을 편 곳은 초등학교였다. 3남 1녀 중 셋째로 태어난 그는 공주 중동초등학교 3학년 때 야구를 시작했다.

야구 유니폼이 멋져 보이고 경기를 하는 모습이 너무 좋아서 야구 선수가 되겠다는 꿈을 안고 야구부에 들어갔다. 그렇게 시작한 야구가 정말 마음에 들고 야구 게임이 무척 즐거웠다. 초등학교 시절 나름대로 열심히 야구를 한 탓에 공주중학교에서도 야구부에서 활동하였다. 처음에는 타자였다. 공을 치고 달려 나가는 기쁨에 몸도 마음도 상쾌했다. 그러다가 중3 시절 투수로 포지션을 바꾸었다.

중학교-고등학교 시절에는 전국 야구대회에서 명투수로 이름을 떨쳤다. 한양대학교 2학년 때에 로스앤젤레스 다저스에 스카우트되어 입단하면서 한국인으로는 처음으로 메이저리그에 진출하는 행운을 차지하였다.

박찬호는 대한민국 선수 중에서 유일하게 한국·미국·일본 세 리그에서 모두 선발 투수로 뛰면서 승리를 거두었다. 그리고 메이저리그, 마이너리그, 일본 야구, 한국 야구에서 통산 156승의 대기록을 거두었다. 박찬호의 최고 전성기는 많은 정상급 스타가 약물을 복용하여 말썽을 일으키던 시절이었다. 타자는 불을 뿜는데 투수는 밑바닥을 벗어나지 못하고 헤매는 현상이 극심하던 1997년대에 그는 그라운드를 건전하게 이끌며 지켰다.

밀레니엄과 함께 행운 만나

박찬호는 새로운 밀레니엄과 함께 행운의 시즌을 만났다. 2000년 시즌은 용이 하늘로 오르듯 최고의 시즌이 전개되었다.

1월 10일 미국 스포츠 에이전트계의 거물인 스콧 보라스와 계약을 체결하면서 새로운 무대가 펼쳐진 것이다. 공주고등학교 시절 굿윌 야구대회에 출전했을 당시 도움을 받았던 스티브 김이 에이전트를 맡아 왔는데, 이 계약으로 또 다른 세계가 전개되기 시작하였다.

보라스의 매니지먼트 회사인 보라스 코퍼레이션은 박찬호의 연봉 협상과 일반 매니지먼트를 맡고, 스티브 김은 광고 계약 등을 담당하게 되면서 큰 힘을 얻게 되었다.

4월 5일 몬트리올 엑스포스를 상대로 한 원정 경기에서 선발 투수로 등판하여 처음으로 시즌 1승을 거두었다. 이 팀은 지금의 워싱턴 내셔널스이다. 이 경기에서 몬트리올의 선발 투수는 일본인 투수인 이라부 히데키였다. 그래서 메이저리그 사상 첫 한·일 선발 투수의 대결이라며 관심을 모았다. 박찬호가 6이닝 동안 6안타 4실점, 자책점 3점에 삼진 3개, 볼넷 5개를 기록하며 상쾌하게 승리를 거두었다. 반면에 이라부는 2이닝 동안 홈런 2개를 포함한 8안타에 6실점을 내며 패전 투수가 되고 말았다.

5월 30일에는 뉴욕 메츠를 상대로 한 홈경기에서 선발 투수로 등판하여 7이닝 동안 2안타 무실점으로 시즌 5승을 거두었다. 7이닝 무실점에 메이저리그 야구 무대에 진출한 이래 처음으로 홈런을 날렸다. 8월 25일이었다. 몬트리올 엑스포스를 상대로 한 홈 경기에서 선발 투수로 등판하여, 1회에 선두 타자를 플라이 볼로 잡고 2명의 타자를 연속 삼진 아웃으로 처리한 뒤 2회에도 무실점으로 잘 막아 낸 다음 3회에 1사 후 타석에 나와 메이저리그 진출한 이래 처음으로 솔로 홈런을 날렸다.

이날 솔로 홈런은 메이저리그에 진출한 후 256타수 만에 쳐낸 기록이다. 이 경기에서 팀이 승리하도록 이끈 선제 결승 홈런이기도 하였다. 4회 1사 1, 3루 상황에서 두 번째로 타석에 들어선 박찬호는 통쾌한 적시타를 날려 박수갈채를 받았다.

이날 경기에서 박찬호는 7이닝 동안 5안타와 볼넷 하나만 허용하고 무실점 강속구를 던져 다저스가 7 대 0으로 승리하도록 이끌고 시즌 13승과 함께 메이저리그 통산 60승을 거두며 승리 투수가 되었다.

9월 4일 필라델피아 필리스를 상대로 한 홈경기에서 자신의 시즌 최다승인 15승과 타이를 이루었고, 9월 20일 애리조나 다이아몬드백스를 상대로 한 홈경기에서 시즌 16승을 거두었다. 이로써 자신의 최다승 기록을 갈아 치우는 동시에 노모 히데오가 1995년에 세운 아시아 선수 최다승 기록과 타이를 이루었다.

9월 25일 샌디에이고 파드리스를 상대로 한 홈경기에서 시즌 17승을 거두어 역시 노모가 세운 아시아 선수 최다승 기록을 바꿔 놓았다.

9월 30일 박찬호는 샌디에이고 파드리스를 상대로 한 원정 경기에서 선발 투수로 등판하였다.

이날 경기는 시즌 마지막 경기라 더욱 관심이 쏠렸다. 타자들의 도움으로 먼저 1점을 안고 마운드에 오른 박찬호는 3회까지 이닝마다 2개씩의 삼진을 처리하였다. 4회 때 필 네빈이 안타를 쳐냈고, 5회 때 그레그 라로카의 내야 안타를 쳐냈긴 했으나 그 밖에는 안타를 허용하지 않았다.

7회 때 네빈마저 삼진 아웃으로 처리함으로써 파드리스의 선발 타자들을 상대로 전원 탈삼진을 기록을 뽑아냈다. 이날 삼진 13개를 기록하여 시즌 통산 217개 삼진을 달성하여 케빈 브라운을 제치고 이 부분 내셔널리그 2위로 우뚝 올라섰다. 1 대 0으로 앞선 8회 풀카운트 상태에서 선두 타자로 타석에 들어선 박찬호는 파드리스 선발 투수 우디 월리엄스가 스트라이크를 겨냥하며 던진 바깥쪽 직구를 밀어치기 타법으로 강타하며 통쾌한 솔로 홈런을 날려 버렸다. 시즌 2번째 홈런이었다.

이 경기에서 박찬호는 메이저리그 진출 이후 처음으로 완봉승을 거두었다. 삼진 13개 처리, 안타 2개만을 허용한 것이다. 이로써 시즌 18승 10패에 방어율 3.27을 기록하여 투수로서 최고의 시즌을 멋지게 마무리하였다.

메이저리그 올스타전의 감동

2001년 시즌 박찬호는 개막전으로 4월 3일 밀워키 브루어스를 상대로 홈경기를 가졌다. 이날 선발 투수로 등판하여 7이닝 동안 5안타에 무실점 및 삼진 7개를 뽑아냈다. 이와 더불어 팀이 1 대 0으로 승리하면서 승리 투수로 개막전을 장식하였다.

이 경기는 원래 팀의 에이스였던 케빈 브라운이 등판하기로 되어 있었으나 아킬레스건 부상으로 결장하는 바람에 다음 날 선발로 나가게 되어 있던 박찬호가 하루 앞당겨 선발로 나서게 된 것이다.

이렇게 하여 시즌 개막전 경기를 승리하면서 매우 의미 있는 시즌 출발을 알린 것이다.

5월 5일 시카고 컵스를 상대로 한 원정 경기에서 강속구를 던지며 호투하다가 생각하지도 못한 허리 부상을 당했다. 치료를 받고 컨디션을 잘 조절한 끝에 허리 부상은 정상으로 돌아왔다.

6월 21일 애리조나 다이아몬드백스를 상대로 한 홈경기에서도 선발 투수로 나갔다. 이 경기에서 당시 다이아몬드백스 소속이었던 김병현이 7회 말에 구원 등판하여 사상 첫 메이저리그 한국인 투수의 맞대결이 이루어졌으나 둘 다 승패를 가리지 못했다.

박찬호는 메이저리그에 진출한 이래 생애 처음으로 올스타전에 출전하는 행운을 얻었다. 올스타전 출전의 행운 마운드는 7월 11일 펼쳐졌다. 내셔널리그 올스타 출전 선수로 선정되어 시애틀 세이프코 필드에서 제72회 메이저리그 올스타 게임에 출전하였다. 랜디 존슨에 이어 3회 내셔널리그 두 번째 투수로 등판하였다.

이 경기에서 은퇴를 앞둔 칼 립켄 주니어를 첫 타자로 맞아 좌월 솔로 홈런을 허용했다. 이후 이반 로드리게스와 스즈키 이치로를 2루쪽 내야 땅볼로 가볍게 처리하고, 알렉스 로드리게스를 삼진 처리한 후 이닝을 마쳤다. 이 경기에서 1이닝 동안 솔로 홈런 1안타, 1실점에 삼진 1개를 기록하였다. 4회 초에 존 버켓과 교체되었다.

7월 19일 밀워키 브루어스를 상대로 한 홈경기에서 9회 동안 2안타만 기록하는 대기록을 세웠다. 이로써 개인 통산 두 번째로 시즌 완봉승을 올렸다.

8월 25일 애틀란타 브레이브스를 상대로 한 원정 경기에서 9이닝 동안 5안타 볼넷 2개, 삼진 7개, 1실점을 올리면서 통산 8번째 완투승을 거두었다.

10월 1일 애리조나 다이아몬드백스를 상대로 한 원정 경기에서 8이닝 동안 6안타 1실점을 기록하여 시즌 15승을 차지하였다. 이 경기에서 8이닝을 추가함으로써 시즌 230이닝을 기록, 메이저리그에 진출한 이래 최다 투구 이닝 기록을 세웠다.

10월 6일 샌프란시스코 자이언츠를 상대로 원정 경기를 가졌는데 이날 선발 투수로 등판하였다. 이날 경기에서 4이닝 동안 8실점을 하였다. 그 가운데 2실점은 배리 본즈에게 연달아 솔로 홈런을 얻어맞은 것이었다. 이날 본즈는 박찬호를 상대로 시즌 71호와 72호 홈런을 날리면서 시즌 최다 홈런 70개를 갱신하였다. 그때까지 시즌 최다 홈런 기록은 1997년 마크 맥과이어가 기록한 70개였다.

경기는 화끈한 공방전 속에 대량 득점으로 이어졌다. 자이언츠는 본즈의 연속 솔로 홈런 등으로 10점을 기록하였으나, 다저스 타선이 1회 초부터 불을 뿜어 내듯 대량 득점을 엮어 냄으로써 11대 10의 스코어를 기록하였다.

그러나 다저스가 1점 차로 승리하여 박찬호는 패전을 면했다. 박찬호는 이날 경기로 시즌 통산 35경기에 나서면서 최다 선발 출장 기록과 함께 218개의 삼진 아웃을 뽑아내 시즌 최다 탈삼진도 기록하였으며, 15승 11패, 방어율 3.50의 시즌 성적과 함께 자유 계약 선수 자격을 얻었다.

전성기를 맞은 거인 투수

박찬호는 뚝심이 강한 투수로 이름을 올렸다. 메이저리그 시절 시속 160km라는 초고속 강속구를 던지며 내로라하는 타자들에게 헛스윙을 안겨 주는 놀라움을 보여 주었다.

총알 같은 위력의 슬러브와 괴력의 파워 커브로 강력한 타자들을 헛스윙으로 간단히 처리하고 연평균 15승, 200이닝, 200삼진, 3점대 방어율이라는 성적을 기록하면서 당대 내셔널리그에서는 오른손잡이 투수 중 최고 수준의 한 명이라는 평가를 받았다.

그런 저력을 발판으로 메이저리그 사이영상 후보에 오르기도 하였다. 이러한 성적을 바탕으로 FA 시장에서 투수 부문 1위로 떠올랐다.

박찬호는 짐 트레이시아 감독과 콜번 투수 코치와 불화가 깊어진 가운데 시즌을 마친 뒤 자유 계약 선수로 풀리면서 연봉 1,000만 달러의 고액 선수 대열에 들어섰다.

더구나 다저스팀에서 뛰고 있을 때 메이저리거로 보낸 풀타임 6년 동안 5년 연속 13승 이상을 거둔 투수라는 점도 크게 작용하여 2002년부터 2005년까지 6,500만 달러를 받고 텍사스 레인저스로 소속 팀을 옮겼다.

그런데 팀을 옮긴 첫해부터 운이 따르지 않았는지 텍사스에서 박찬호는 빛을 발산하지 못했다. 오히려 최악의 시간이 이어지는 것이었다. 팀을 옮긴 첫해인 2002년 시즌 시범경기 도중에 허벅지 부상을 얻어 시달렸다. 게다가 타자들에게는 유리한 야구장으로 알려진 텍사스 레인저스의 홈구장인 볼파크 인 알링턴에서 우려했던 점들이 나타나기 시작한 것이다. 이 구장은 뒤에 아메리퀘스트 필드 인 알링턴으로 이름이 바뀌었다.

박찬호가 전에 다저스 홈구장에서 경기할 때는 펄펄 날았으나 텍사스 레인저스의 홈구장인 볼파크 인 알링턴에서는 적응도 못 하고 기를 펴지 못하며, 더구나 허리 부상을 숨기고 있다는 등 오해의 지적들이 한꺼번에 쏟아지는 것이었다. 이런 지적은 강속구의 투수로서의 숙명적인 요인들이다. 이런 가운데 박찬호는 25차례나 선발 투수로 등판하였으나 9승 8패 5.75의 평균자책점을 기록하는 등 부진을 면치 못하였다.

다음 해인 2003년 시즌은 부상의 후유증으로 7차례만을 등판하여 1승 3패 평균자책점 7.58을 기록했고, 해를 넘겨 이적 3년 차인 2004년 시즌 역시 16차례의 선발 등판에 4승 7패 평균자책점 5.46의 평균 이하의 성적을 내는 데 그쳤다.

박찬호는 텍사스 레인저스 투수 중 역대 최고액 연봉을 받는 선수라는 부담감이 더욱 커지고, 부상마저 겹쳐 개인적으로는 매우 고통스러운 나날이 이어졌다. 설상가상으로 각종 매스컴에서는 메이저리그 선수들 가운데 실력에 비해 연봉을 너무 과다하게 받는 선수의 대표적인 사례라고 꼬집는 일이 잦아졌다.

2005년 샌디에이고 파드리스에 몸을 담은 그는 그해 메이저리그

100승을 달성하였고, 2005년 6월 5일 캔자스시티 로열스를 상대로 100승 도전장을 냈다. 초반에 난타를 당하면서 패전 위기에 몰렸으나, 텍사스 강타자로 유명한 빈맨치의 3점 홈런 등 동료 선수들의 도움으로 미국 프로야구 무대에 진출한 지 11년 만에 메이저리그 통산 100승을 거두었다.

박찬호는 다시 소속 팀을 샌디에이고 파드리스로 옮겼다. 2005년 7월 그때 샌디에이고 파드리스 선수였던 필 네빈 선수와 트레이드되어 2005년부터 1년간 샌디에이고 파드리스 유니폼을 입었다. 그해 12승 8패, 평균자책 5.74를 기록하였다.

2006년 6월 3일 피츠버그 경기에서 6이닝 동안 삼진 8개를 잡아내며, 5안타 무실점을 기록하였고, 타석에서도 3타수 3안타 2타점으로 타율을 4할로 끌어올리는 등 기력이 살아났다. 이 경기는 7회 초 공격을 시작할 무렵에 갑자기 폭우가 쏟아지는 바람에 우천으로 중단된 뒤 강우 콜드게임이 선언되고, 규정에 따라 완봉승이 주어졌다.

정규 시즌 7승 7패, 방어율 4.81를 기록하였으며, 10월 3일 생애 최초로 포스트 시즌 경기인 세인트루이스 카디널스 전에서 구원 투수로 등판하였다.

두 번째로 자유 계약 선수 자격을 취득한 박찬호는 2002년 이후의 끊임없는 부상과 계속되는 부진으로 각 팀들의 주목을 크게 받지 못했다. 그런 가운데 스콧 보라스와 결별하고 새로운 계약 대리인으로 제프 보리스를 만났다. 그를 만나 보스턴 레드삭스와 일본인 투수 마쓰자카 다이스케의 계약 협상 과정에서 마무리 투수로 들어갔다.

2005년 샌디에이고 파드리스에 몸을 담은 그는 그해 메이저리그 100승을 달성하였고, 2006년까지 활약하다가 뉴욕 메츠를 거쳐 휴스턴 에스트로스로 이적하여 2007년까지 뛰고 2008년 다시 로스앤젤레스 다저스로 돌아왔다. 여기에 1년간 활약하고 필라델피아 필리스로 옮겨 1년간 뛰고 뉴욕 양키즈로 들어갔다.

피츠버그 파이어리츠를 거쳐 2011년 일본 프로야구 오릭스 버펄로스 유니폼을 입고 평생의 야구 라이벌 노모 히데오를 제치고 메이저리그 동양인 최다승 투수로 혜성처럼 우뚝 섰다. 박찬호는 자유 계약선수 자격을 얻으면서 거인 투수로 떠올랐다. 당시 29세라는 활기 넘치는 선수로 마운드에서 전성기를 맞은 것이다.

오릭스 버펄로스 경기 중 박찬호

98 아시안게임 금메달 수훈

박찬호는 1998년 메이저리그 시즌이 끝난 12월 조국의 부름을 받고 방콕 아시안게임에 대한민국 국가대표로 출전하여 금메달을 획득함으로써 한국이 아시안게임 야구 경기에서 첫 금메달을 차지하는 수훈을 세웠다.

그는 아시안게임에서는 한국 대표팀 에이스로서 대표팀을 이끌며 승승장구 금메달을 획득하고 병역 특례 대상이 되어 면제를 받았다. 방콕 아시안게임 야구팀은 한국 야구 사상 '드림팀'의 원조로 꼽히는 첫 대표팀이었다. 프로선수들의 출전이 허용된 98년 방콕 아시안게임에서 한국 야구는 국내 프로와 아마 선수는 물론, 당시 유일한 메이저리거였던 박찬호까지 불러들여 역대 최강의 대표팀을 만들었다.

아시안게임에서 12월 7일 대만을 상대로 한 1차전에서는 선발 투수로 등판하여 5이닝 동안 삼진 5개를 기록하면서 대만을 16 대 5로 대파했다. 대만과의 2차 리그에서 한국은 막판까지 대만의 추격에 진땀을 흘렸으나 8회부터 선발 박찬호를 마무리로 등판시키는 초강수를 선택한 끝에 5 대 4로 1점 차의 극적인 승리를 거뒀다.

12월 11일에 다시 대만을 상대로 한 3차전에서는 8회 말에 구원 투수로 나가 2이닝 동안 1개의 안타만을 허용함으로써 선발 투수로 먼저 등판한 임창용의 승리를 지켜 냈다.

2차전에서는 일본과 접전 끝에 13 대 8로 승리한 뒤 12월 16일 금메달 결승전에서 일본과 다시 만났다. 결승전에서 박찬호는 선발 투수로 등판하여 7이닝 동안 홈런 1개를 포함한 4안타, 1실점, 볼넷 2개만을 허용하고 삼진 4개를 잡으며 13 대 1로 스코어를 벌려 놓았다. 그리고 7회 콜드 승을 이끌어 완승을 거두고 사상 첫 아시안게임 금메달을 차지하는 수훈을 세웠다.

2006년 월드 베이스볼 클래식에서는 대한민국 대표선수로 4경기에 출전해 10이닝을 던지며 평균 자책 0.00으로 3세이브를 올리는 활약을 하며 팀의 4강 진출에 이바지하였다.

메이저리그 무대 화려한 장식

박찬호는 메이저리그에서 17시즌 동안 활약한 중에 개인 통산 476경기에 등판하여 124승 98패 2세이브, 평균자책점 4.36의 성적을 올렸다.

로스앤젤레스 다저스에 입단한 후 그해 2월에 플로리다주 베로비치에서 춘계 훈련을 거친 후 3월 4일 뉴욕 메츠와의 시범경기 때 선발 투수로 등판하여 3이닝 동안 안타 1개를 허용하고 삼진 2개를 잡았다. 그날 등판할 때 대한민국에서의 습관대로 모자를 벗고 주심에게 공손하게 인사를 하였다. 이로 인하여 '마운드의 신사'라는 별명이 붙었다.

시범경기가 끝날 무렵에 같이 입단한 데런 드라이포드와 함께 메이저리그 베이스볼의 직행이 확정되어 메이저리그 역사상 17번째로 마이너리그 베이스볼을 거치지 않고 메이저리그 베이스볼로 직행한 선수로 기록되었다.

시즌이 시작된 4월 8일 애틀랜타 브레이브스전에서 9회에 구원으로 등판하여 데뷔전을 치렀다. 그날 1이닝 동안 6타자를 상대해 안타 1개와 볼넷 4개로 2실점을 하였다.

6일 뒤에는 세인트루이스 카디널스와의 경기에서 5회부터 3이닝을 던졌는데 홈런 1개를 포함, 안타 4개와 볼넷 3개를 허용하여 3실점하였다.

이처럼 성적이 저조하여 메이저리그 베이스볼에 오른 지 17일 만인 1994년 4월 21일에 더블 A팀인 샌안토니오 미션스로 밀려 내려가고 말았다. 샌안토니오 미션스로 내려가고 난 뒤에 워싱턴주 타코마 경기에서는 3이닝 동안 홈런 2개를 얻어맞은 것을 포함하여 8실점을 하고 말았다.

그 뒤 6월에 있었던 한 경기에서는 4이닝 동안 8실점을 하는 등 좌절을 겪었다. 이렇게 하면서 전반기에만 3차례나 패배하는 쓴맛을 보았다. 박찬호는 숙소에서 야구 구장까지 10km나 되는 거리를 뛰면서 좌절을 극복하고 시련을 이겨내는 데 온갖 정성을 쏟았다.

"미국 야구를 제대로 보아야 한다!"

이때 박찬호에게 용기를 준 사람은 버트 후튼 감독이다. 그의 지도를 받아 후반기에는 슬럼프에서 벗어났다. 그해 미션스팀에서 5승 5패_{평균자책 3.55}를 기록하였다.

1994년 시즌이 끝날 무렵 서류상으로 메이저리그에 복귀했으나 당시 메이저리그 베이스볼에서 파업을 일으켜 무의미한 일이 되었다.

1995년 4월 중순부터 봄철 훈련이 시작되었다. 여기서 체력을 다지는 데 열중하다가 4일 만에 선발로 등판한 첫 경기에서 몬트리올 엑스포스 타자 7명을 삼진 처리하고 4이닝 동안 무실점으로 호투하는 괴력을 보여 주었다.

1996년 2월에 있었던 춘계 훈련에서 페드로 아스타시오와 조이 아이센과 제5 선발 경쟁을 벌였다. 시범경기에서 볼티모어 오리올스와의 경기에서 선발로 등판, 안타 7개를 허용하였고, 뉴욕 메츠전에서 4와 3분의 2이닝 동안 1안타를 기록하였다.

춘계 훈련 막판에 휴스턴 애스트로스와의 경기에서 선발 등판하여

4이닝 동안 노히트 노런을 기록하는 등 훈련 기간 6경기를 치르면서 1.62의 방어율로 다저스 전체 투수 중 최고의 성적을 거두었다.

춘계 훈련이 끝난 뒤 다저스 단장 프레드 클레어로부터 마이너리그로 내려가라는 통보를 받았으나 캘리포니아 에인절스와의 프리웨이 시리즈 3연전 중 2차전에서 중간에 등판하여 2이닝을 가볍게 처리하며 메이저리그에 그대로 남게 되었다.

하지만 5일 뒤에는 휴스턴 애스트로스와 다시 맞붙은 경기에서 4이닝 동안 무려 12개의 안타를 허용하는 실수를 저질렀다. 이렇게 천당과 지옥을 오가는 충격을 받은 뒤 3일 만에 한 단계 위인 트리플 A 팀 앨버커키 듀크스로 승격되었다.

앨버커키 듀크스 시절은 마치 지옥 훈련과도 같았다. 해발 1,500m나 되는 고지대인 앨버커키에서 살아남기 위해 강속구에 중점을 두고 열심히 연습한 탓에 그해 7월 3승 무패, 1.83의 방어율로 컨디션이 절정에 올랐다. 강타자들이 많았던 퍼시픽 코스트 리그에서 귀중한 경험을 쌓은 것이다.

그해 22경기에 선발로 등판하여 6승 6패를 기록하였다. 당시 101개의 삼진을 잡았는데 퍼시픽 코스트리그에서 네 번째로 많은 삼진이었으며, 한 게임 9이닝으로 따지면 평균 8.26개 삼진을 뽑아낸 것이다. 이는 트리플 A에서는 최고 기록이었다.

그러다가 9월 1일 뜻밖의 행운이 쏟아졌다. 메이저리그 베이스볼 엔트리 정원을 25명에서 40명으로 늘리는 조치가 내려졌다. 이로써 마이너리그 베이스볼의 유망주들이 메이저리그를 접할 수 있는 행운의 찬스를 얻은 것이다.

박찬호도 이에 따라 메이저리그 베이스볼로 복귀하였다. 메이저리그 베이스볼에 복귀한 뒤 첫 경기에서 시카고 컵스팀을 상대로 8회 말에 등판하였다. 한 이닝 동안 안타 2개에 볼넷 2개, 그리고 1실점을 기록하였다.

10월 2일 샌디에이고 파드리스와의 경기에서 메이저리그 첫 선발 투수로 등판하여 3이닝 동안 강속구를 퍼부었다. 시즌이 끝나고 애리조나의 가을 리그에 참가하여 3승 1패에 방어율 2.74를 기록하였다. 박찬호가 한국인 투수로 메이저리그 첫 승리를 일궈 낸 것은 기적 같은 환희였다. 1996년 4월 7일 포근하게 쏟아지는 햇볕을 타고 그에게 행운의 찬스가 다가왔다. 그날 다저스는 시카고 컵스와의 원정 경기를 치르고 있었다.

그때 선발 투수로 나온 라몬 마르티네스는 1회 말 공을 잘 던지고 2회 초 공격에 나섰는데, 공을 받아치고 달려나가 1루를 밟는 순간 수비와 부딪히는 사고로 부상을 당해 실려 나갔다.

그래서 토미 라소다 감독은 갑작스럽게 2회 말부터 박찬호를 구원 투수로 내보냈다. 이에 박찬호는 강타자였던 새미 소사를 삼진으로 멋지게 아웃시키는 등 2회를 잘 마무리하였다.

3회 말 투 아웃에 만루의 위기를 맞았으나 소사를 다시 삼진 처리하고 큰 위기를 넘겼고, 4회 때도 안타와 볼넷을 내주기는 했지만 세명의 타자를 삼진 아웃시켰다.

5회 말에는 말끔한 삼자 범퇴를 시키며 구원 투수로서의 위력을 보여 주고, 그런 뒤에 6회 초에는 대타로 들어가 또 다른 진가를 발휘하였다. 박찬호는 그날 4이닝 동안 안타 3개, 볼넷 4개를 허용했지만, 삼진을 7개나 뽑아내어, 팀이 3 대 1로 승리하는데 기여하고 대한민국 야구 선수로는 최초로 메이저리그에서의 첫 승리를 일궈 내는 행운을 안았다.

박찬호는 1996년 4월 12일 따스한 봄날 플로리다 말린스와의 홈경기에서 선발 투수로 등판하여 5회 동안 안타 1개와 볼넷 3개만을 내주며 6개의 삼진을 잡아 2연승과 함께 최초의 선발승을 차지하는 기쁨을 누렸다.

그 뒤 주로 선발 투수로 등판하거나 구원 투수가 되어 위기에서 벗어나게 하는 역할을 맡아 메이저리그 마운드에서의 경험과 실력을 축적해 나갔다. 그해 모두 48경기 가운데 선발 10경기에 출전하여 5승 5패에 방어율 3.64를 기록하였다.

다음 해 1997년 시즌에는 5명의 투수를 선발 투수로 고정 등판되기 시작하였다. 봄철 훈련에서 5인 선발 투수가 로테이션으로 한 차례씩 들어가도록 결정한 것이다.

이에 따라 5인의 선발 투수 가운데 라몬 마르티네즈, 이스마엘 발데스, 노모 히데오, 페드로 아스타시오가 5인 선발로 결정되었는데 남은 한 자리는 4명이 경합을 벌이게 되었다. 남은 한 자리를 놓고 박찬호와 톰 캔디오디, 대런 드라이포트, 마크 거드리와 치열한 경합을 벌인 끝에 박찬호가 선정되었다. 그렇게 얻어 낸 선발 투수로 첫 번째 등판한 경기에서 패전 투수가 되었으나 4월 30일 시즌 첫 승을 올렸고, 6월 12일 휴스턴 애스트로스를 상대로 시즌 5승을 거두면서 메이저리그 통산 10승을 차지했다.

그 뒤 한 달이 지난 7월 11일 샌프란시스코 자이언츠를 상대로 6승을 올린 이래 7월과 8월에만 8승 1패 2무를 거두었다. 8월 11일 시카고 컵스를 상대로 메이저리그 첫 완투승을 차지하고, 9월 24일 샌디에이고 파드리스를 상대로 두 번째 완투승을 차지하였다. 이로써

1997년 시즌에만 두 차례나 완투승을 기록하였다.

그해에 14승 8패, 방어율 3.38을 기록하여 노모 히데오의 14승 12패, 방어율 4.25를 제치고 다저스에서 최고 성적을 거둔 투수로 우뚝 올라섰다.

1998년 시즌에는 전년도 승수를 또다시 바꾸는데 열정을 보였다. 먼저 4월 8일 다저스 구장에서 열린 홈 개막전에 선발 투수로 등판하여 시즌 첫 승을 따냈다. 이를 발판으로 7월 31일 시즌 10승을 차지하는 괴력을 발휘했다.

특히 7월 한 달 동안 6경기에 선발 투수로 등판하여, 42와 3분의 2이닝 동안 강속구를 던져 4승 무패, 방어율 1.05에 삼진 34개를 기록하는 대기록을 세웠다. 이런 뛰어난 성적으로 7월의 MVP를 차지하였다.

이달의 투수는 메이저리그를 연중 취재하는 기자들의 투표로 결정되는 것인데, 샌디에이고 파드리스의 에이스 투수인 케빈 브라운을 제치고 박찬호가 행운의 영광을 누린 것이다.

지난해 승수를 바꾸는 일도 진행되었다. 9월 23일 전년도에 이어서 14승을 기록했고, 정규 시즌 마지막 등판일인 9월 28일 밀워키 브루어스를 상대로 시즌 15승을 차지함으로써 전년도의 승수를 뛰어넘는 동시에 2년 연속 팀 내 최다승 투수로 등극한 것이다.

경기 도중 격투로 퇴장당해

그라운드에서는 좋은 일만 일어나는 것이 아니다. 뼈아픈 눈물을 흘릴 때도 생긴다. 만루 홈런을 얻어맞을 때다. 타자에게는 하늘로 솟아오르는 최고의 감동 드라마가 펼쳐지는 순간이지만, 투수에게는

천 길 지옥으로 떨어지는 비통의 순간이다.

박찬호는 그 순간을 1999년 6월 6일 당했다. 시즌 가운데 박찬호의 한계를 보인 해로 기록되었다. 그는 애너하임 에인절스를 상대한 경기에서 선발 투수로 등판하였다. 3회까지는 탈삼진 4개를 기록하며 내야 안타 하나만을 허용할 정도로 잘 이끌었다.

그러나 4회 초에 모 본에게 우전 안타를 허용하였고, 개럿 앤더슨에게 좌중간 안타를 또 허용하여 1사 1-2루가 되었다. 이어서 트로이 글로스에게 중전 안타를 얻어맞은 뒤 2사 만루에서 7번 타자 매트 월벡에게 우중간 만루 홈런을 얻어맞았다.

0 대 4로 뒤지던 5회 말에 타석으로 들어선 박찬호는 상대 투수인 팀 벨처의 투구에 1루 쪽으로 굴러가는 보내기 번트를 성공시켰다. 타구를 잡은 벨처는 1루로 뛰던 박찬호의 가슴에 직접 공을 강하게 대며 태그 아웃시켰다. 그뿐이 아니다. 벨처가 뒤에서 박찬호를 껴안고 놓아주지를 않았다.

"왜 잡나? 잡지 마!"

박찬호는 불만을 터뜨렸다. 그러자 벨처가 다시 박찬호에게 욕설을 퍼부었다.

"꺼져라!"

"욕하지 마!"

격분한 박찬호는 팔꿈치로 벨처의 턱을 강타했다. 벨처가 달려들자 뒤로 물러서던 박찬호는 이단 옆차기로 상대를 가격했다. 둘은 함께 넘어지며 뒤엉겨 붙었고, 양 팀 동료들이 한꺼번에 몰려들며 두 선수 간의 격투는 순식간에 집단 난투극으로 번져갔다. 난투극은 5분 동안 마운드에서 계속됐다. 이로써 10여 분 동안 경기가 중단되고 말았다. 마운드에서 물러 나와 더그아웃에 앉아 있던 박찬호는 4심 합의에 의해 이 싸움의 원인을 제공했다는 이유로 메이저리그 진출 이래 첫 퇴장 명령을 받았고 라커룸으로 쫓겨났다.

이날 5이닝 동안 홈런 1개를 포함해 5안타 4삼진 4실점으로 부진했으나 동료들의 도움으로 패전만은 면했다. 다저스는 4 대 0으로 뒤진 6회 데본 화이트가 만루 홈런을 터뜨리고, 게리 셰필드가 2점 홈런을 날려 7 대 4로 역전승을 거두었다.

그러나 박찬호는 7경기 출장 정지에 벌금 3,000달러를 물어내는 중징계를 받았다. 이 난투극은 훗날 메이저리그 10대 난투극 가운데 6위로 기록되었다. 박찬호는 7경기 출장 정지 처분을 받은 뒤 와신상담 자신을 다독거리는 자성의 기회로 삼았다.

6월 18일 피츠버그 파이어리츠를 상대로 한 경기에서 시즌 4번째 패배를 한 이래 4연패 했고, 7월 중반부터 8월 중반까지 승수를 기록하지 못하는 등 두 자릿수 패배를 기록하였다. 그래서 마침내 8월 19일 삭발을 단행한 뒤 새로운 각오로 자신을 다독거렸다.

이렇게 하여 8월 23일 필라델피아 필리스를 상대로 시즌 7승을 거두고 9월 29일까지 8경기에서 무패 행진을 계속하였다. 10월 3일 휴스턴 애스트로스와의 경기에서 패전을 기록함으로써 시즌 13승 11패를 기록하였다.

한동안 마이너리그로 강등되었던 박찬호는 2008년 5월 17일 에인절스와의 인터리그 원정 경기에 선발로 나서게 되면서 새로운 찬스를 맞게 되었다. 구단 측은 그에게 5선발 자리를 주었다. 이로써 박찬호는 지난해 4월 30일 뉴욕 메츠 유니폼을 입고 플로리다 말린스 경기에 등판한 이래 1년여 만에 다시 선발 투수로 등판하게 되었다.

2001년 10월 5일 샌프란시스코와의 원정 경기에 선발로 나선 이후 처음으로 출전하게 된 박찬호는 중간 계투 및 임시 선발로 2008년 시즌을 치렀고, 54경기에 출전해 95.1이닝에 4승 4패 2세이브 평균자책점 3.40을 기록했다.

소속 팀 로스앤젤레스 다저스는 내셔널디비전 시리즈에서 시카고 컵스를 3 대 0의 전적으로 누르고 내셔널리그 챔피언십 시리즈에 진출하였지만 필라델피아 필리스와의 챔피언십 시리즈에서 1 대 4로 패하며 월드 시리즈 진출에는 실패했다.

박찬호는 메이저리그 476경기에 출전하여 1993이닝을 던졌다. 통산 기록은 124승 98패 2세이브, 10완투 3완봉, 방어율 4.36, 1715탈삼진, 910볼넷이다. 통산 124승으로 아시아 선수로는 제일 많은 승리를 올린 것이다. 또한, 메이저리그에 나가 있는 한국 선수 기록으로도 단연 으뜸이다.

박찬호는 투구력은 2001년 시즌 최고 기량을 보였다. 선발 투수로서 퀄리티 스타트를 기록했다. 이는 6이닝 이상을 던져 3실점 이내로 막아내는 것으로 무척 어려운 일이다. 그는 한국 선수로는 당당하게 메이저리그 올스타전 무대를 누볐다.

그러나 운이 따르지 않았다. 계속 이어지는 타선 지원 부족과 갑작스럽게 다가온 허리 통증과 부상 등으로 시즌 내내 러닝 훈련도 소화하지 못하는 어려움을 겪었다. 여기에다가 코칭 스태프와의 갈등과 불화로 부진을 거듭하는 사이에 좋은 성적을 올리지 못하였다.

박찬호의 예상 밖 부진은 애리조나 다이아몬드백스, 샌프란시스코 자이언츠 등과의 내셔널리그 서부 지구 순위 경쟁을 벌였던 다저스에게도 치명타였다.

다저스는 2001년 9월 18일 샌디에이고 파드레스 경기에 박찬호를 선발 투수에 이어 구원 투수로까지 등판시키는 모험을 강행하였으나 5타자를 맞아 2안타, 볼넷 3개를 내주며 결국 강판시키는 최악의 결과를 빚었다.

허리 부상만 아니었다면 더 좋은 기록을 올렸을 것이 분명하다. 하지만 아쉽게도 박찬호 선수가 속한 팀들이 시즌마다 메이저리그 순위가 낮아 포스트 시즌을 딱 한 번 나갔다는 점이다.

이후 다저스는 순위 경쟁에서 서서히 밀리면서 박찬호는 감독과 코칭 스태프로부터 신임을 받지 못하게 된 것이다. 그러다가 시즌이 끝나면서 자유 계약 선수로 풀리면서 연봉 1,000만 달러대의 고액 선수 대열로 들어서게 되었다.

2008년 12월 15일 필라델피아 필리스와 입단 계약을 한 뒤 다음 해 3월 31일 팀의 5번째 선발 투수로 배치되었다. 5월 13일 로스앤젤레스 다저스를 상대로 6이닝 7안타 3삼진 2실점으로 승리 투수가 됐다.

박찬호의 승리는 다저스 시절인 2008년 7월 2일 이후 처음이다. 그 뒤에도 부진한 투구로 선발 자리를 내주었다. 문제는 허벅지의 부상 때문에 강속구의 투구력을 160km로 올리기가 어려웠기 때문이다.

정규 시즌이 끝나갈 무렵 부상자 명단에 올랐으나, 부상에서 회복되면서 챔피언 결정전에 출전하였다. 소속 팀이 월드 시리즈에 진출함으로써 투수로 나가 무실점 투구를 선보였다. 그러나 소속 팀 필라델피아 필리스는 뉴욕 양키즈에게 패하면서 월드 시리즈에서 준우승에 머물렀다.

박찬호는 2010년 2월 22일 기자회견을 열어 총 150만 달러에 뉴욕 양키즈에 입단했다고 발표하였다. 연봉은 150만 달러이며, 그중 30

만 달리는 성적에 따라 보너스로 지급된다는 조건이다. 시즌 동안 중간 계투로 활약했으나, 그 활약은 기대에 미치지 못해 2010년 7월 31일 소속 팀 뉴욕 양키즈에서 지명 할당 조치를 당하였다. 그러자 내셔널리그 중부 지구 팀인 피츠버그 파이어리츠가 그를 영입하였다. 2010년 8월 4일이었다.

2010년 9월 13일, 메이저리그 진출 이후로 개인 통산 123승 97패를 기록하였다. 이는 노모 히데오가 2005년 수립한 아시아 투수 역대 최다승과 타이를 이룬 것이다.

그로부터 몇 주가 지나 플로리다 말린스와의 경기에서 구원 투수로 등판하여 3이닝 6삼진의 호투와 함께 승리 투수가 되었는데, 이는 개인 통산 124승 기록이다.

이로써 노모 히데오가 2005년 수립한 아시아 투수 역대 메이저리그 최다승 기록을 바꿔 놓는 위업을 이룩했다.

2010년을 끝으로 메이저리그에서의 커리어를 마감한 그는 2011년에는 일본 프로야구에 잠시 몸을 담고 뛰었다. 미국 메이저리그를 떠난 박찬호는 오릭스 버펄로스에 입단하는데 합의하고 일본 프로야구 무대로 들어섰다.

일본 마운드에 들어선 그는 2011년 4월 20일 사이타마 세이부 라이온스를 상대로 시즌 두 번째 선발 투수로 등판하여 7이닝 동안 3안타 볼넷 4개, 6K 무실점을 기록하며 일본 진출 후 첫 경기를 승리로 이끄는 데 성공했다. 그러나 허벅지 부상의 후유증으로 2011년 10월 24일 오릭스 버펄로스 팀을 떠날 수밖에 없었다.

고향 팀 한화로 금의환향

한국야구위원회KBO 리그에서 한화 이글스는 국외 진출 선수 특별 지명회의 때 단 한 명의 국외파도 뽑지 못했다. 그때 박찬호는 지명 회의 요건에 맞지 않아 명단에 오르지 않았다.

2011년 12월 13일 박찬호 특별법 심의를 위한 KBO 이사회가 소집 되었다. 이 법이 통과되어 2012년 고향 팀 한화 이글스에 입단할 수 있게 되었다. 이때 연봉은 얼마가 될지 주목을 받았으나 그는 연봉 에 별로 신경 쓰지 않았다. 한화 이글스 구단 측에 연봉 백지위임 의 사를 밝혀 프로야구 신인 기준 최저 연봉인 2,400만 원에 계약을 체 결하고, 구단과 합의하여 아마추어 야구 발전 기금으로 6억 원을 기 부하겠다고 밝혔다. 연봉 2,400만 원도 추후에 기부할 의사가 있다고 제시했다. 놀라운 결단이었다.

그의 연봉은 로스앤젤레스 다저스 시절인 1994년 10만 9,000달러, 1995년 11만 4,000달러, 1996년 12만 4,000달러, 1997년 27만 달러, 1998년 70만 달러, 1999년 230만 달러, 2000년 395만 달러, 2001년 990만 달러였다.

텍사스 레인저스 시절인 2002년 688만 달러, 2003년 1,300만 달 러, 2004년 1,400만 달러였으며, 샌디에이고 파드리스 시절인 2006년 1,550만 달러였다. 그리고 일본 오릭스 버펄로스 시절인 2011년 연봉 은 2억 5,000만 엔이었다.

2012년 4월 12일 청주에서 열린 두산과의 경기를 통해 KBO 리그 무대에 선발로 첫 등판하였다. 3회 초 두산의 공격 때 단 3구를 던져 3자 범퇴로 처리하는 기록을 세우고, 6과 3분의 1이닝 동안 탈삼진 3

한화 이글스 경기 중 박찬호

개에 2실점으로 팀이 8 대 2 승리하도록 이끌며 선발승으로 국내 무대에서 화려하게 데뷔하였다.

2012년에는 자신의 오랜 꿈이었던 고향 팀 한화 이글스에서 선수 생활의 대미를 화려하게 장식하고, 그해 11월 29일 현역에서 은퇴, 마운드에서 내려왔다.

그는 2012년 11월 30일 은퇴 기자회견을 갖고 사실상 선수 활동을 마무리했다. 2013년 월드 베이스볼 클래식을 통해 JTBC에서 해설가로 데뷔하여 송재우, 임경진과 함께 마이크를 잡았다.

2014년에는 인천 아시안게임 SBS 해설위원을 맡는 등 해설가로서 남다른 재치를 보여 주었다.

■ 박찬호는 '지독한 연습 벌레'로 통한다.

중학교 때부터 연습 벌레로 유명했던 박찬호 선수는 공주중학교 재학 때 "투수로서 담력이 약하다."라는 소리를 듣고 담력을 키우기 위해 밤마다 공동묘지를 찾아가 천 번씩 배트를 휘둘렀다는 일화는 살아 있는 전설이다.

공동묘지 훈련을 통해 담력을 키우고 다음에는 산성에 올라가서 스윙과 투구 연습을 계속했다. 시작부터 끝까지 훈련에만 몰두한 그는 부득이한 사정으로 산성에 가지 못하게 되면 건물 옥상에라도 올라가 반드시 천 번의 스윙을 했다.

대학교에 진학한 뒤 팔의 힘을 키우기 위한 본격적인 투수 훈련을 통해 하루에 수천 번씩 고무줄을 잡아당겼다. 이런 지독한 연습을 하면서 유명한 일화도 남겼다. 신입생 환영회 날 선배의 권유로 만취 상태가 된 박찬호는 다음 날 아직도 술에 취해 혼미한 상태에서 이런 말을 듣고 자신도 놀랐다고 한다.

"만취 상태로 숙소에 가더니 고무줄 하나 들고 비틀거리며 운동장에서 연습을 하고 다시 돌아오더라. 먹고 자는 시간 빼고 훈련에만 달라붙은 거머리 같았다."

이런 말을 들었던 그였기에 메이저리그에서도 위대한 기록을 세우면서 이름을 떨쳤다.

박찬호는 2005년 11월 29일 재일동포 박리혜와 하와이주에서 결혼했으며, 2006년 8월 첫딸을, 2008년 둘째 딸을 얻었다.

부인 박리혜는 '빼어난 미모에 교양까지 완벽한 여성'으로 칭송을 받는다. 미국의 유명 요리학교 CIA를 졸업한 뒤 프랑스의 특급 레스토랑 '피에르 오르시'와 미국 '셰파니즈' 등에서 인턴 생활까지 마쳤다. 요리 전문가 박리혜는 일본 상위 78번째 고액 세금 납부자인 거부의 외동딸로 알려져 있다.

박찬호가 다저스에 입단하기 전에 애틀랜타 브레이브스에 입단 제의를 받았으나 병역 문제로 입단하지 못했다. 그러다가 다저스에 입단할 때 유학생 신분으로 비자를 발급받아 미국에 건너가 시즌 중에는 야구를 하고, 시즌이 끝나면 공부를 계속하여 귀국할 때까지 병역 의무를 연기하는 방법으로 미국에 머물렀다.

그 뒤 방콕 아시안게임에서 금메달을 획득함으로써 병역 특례의 대상이 된 그는 1999년 시즌이 끝나고 일시 귀국하여 1999년 10월 11일 육군 32사단에 입소하여 4주간 기본 군사훈련을 받고 11월 6일에 퇴소하여 병역 문제를 마무리하였다.

그는 공주 중동초등학교 때부터 등번호 16번을 달고 뛰었다. 그러다가 1994년 다저스에 입단했을 때도 16번을 달고 싶어 했으나 당시 다저스에는 투수 코치였던 론 페라노스키가 오랫동안 16번을 달고 있었다.

그러나 신참 내기가 노장 코치의 번호를 빼앗을 수는 없었기 때문에 대신 16번을 뒤집은 61번을 달았다는 이야기로 화제가 되었다.

다저스에서 61번을 달았던 박찬호는 레인저스, 파드레스, 메츠, 필리스, 양키즈, 파이어리츠에서도 계속 이 등번호를 유지하였고, 한화 이글스에서도 61번을 달게 되어 61번은 박찬호의 상징으로 남았다.

그는 마운드에서는 '한만두'로 통한다. '한'은 이닝, '만'은 만루 홈런 '두' 개를 줄여 만든 합성어이다. 잘 나가는 선발 투수였던 박찬호는 1999년 4월 세인트루이스 카디널스의 타선을 상대했다. 그때 세인트루이스에는 마크 맥과이어, J.D. 드루 같은 강타자들이 포진되어 있었다.

이날 박찬호는 2 대 0으로 앞선 3회 많은 실점을 내줬다. 무사 만루에서 페르난도 타티스에게 그랜드슬램을 얻어맞고 뼈아픈 역전을 당하고 말았다. 이어서 야수들의 수비 실수가 이어졌고 일라이 마레로에게 투런 홈런, 에드가 렌테리아에게 적시타를 연속으로 내줘 무려

7점을 빼앗겼다.

그런데도 투수는 바뀌지 않았다. 2사 만루에서 다시 타티스를 만났다. 이닝이 끝나기도 전에 다시 만루 기회가 생겼다. 박찬호는 떨어지는 변화구로 헛스윙을 유도하면서 강속구를 던졌다. 하지만 타티스의 방망이는 돌아가서 이번에도 만루 홈런이 터졌다.

여기서 '한만두', 그것도 한 이닝 만루 홈런 두 개를 넘어 '한 이닝 한 타자 만루 홈런 두 개'라는 치욕의 기록이 세워진 것이다.

박찬호는 2010년 시즌 뉴욕 양키즈 시절 클리블랜드 인디언스와의 경기에서 추신수와 한 차례 맞대결을 펼쳤다. 추신수를 삼진 아웃 처리한 후 박찬호는 흔들리는 모습을 보였다. 경기를 마친 뒤에 박찬호는 "추신수를 삼진 잡은 게 너무 흥분되었다."라며 이유를 설명했다.

야구장은 내 인생의 학교다

박찬호는 광주-기아 챔피언스 필드에서 열린 2014 한국야쿠르트 세븐 프로야구 올스타전에서 시구를 통해 국내 야구 팬과 공식적인 작별 인사를 나눴다.

이날 올스타전이 시작하기 직전에 한화 이글스 유니폼을 입은 박찬호가 마운드를 향해 천천히 걸어갔다. 공주고 선배이자 박찬호가 야구 스승으로 꼽는 김경문 NC 다이노스 감독이 포수 미트를 끼고 홈 플레이트 뒤에 앉았다. 박찬호는 가볍게 공을 던졌고, 공은 정확하게 김경문 감독의 글러브 안으로 들어갔다.

투구를 마친 뒤 박찬호는 감동적인 고별사를 남겼다.

"야구장은 내 인생에서 학교와도 같은 곳이었다. 야구를 통해 꿈· 도전·사랑 그리고 인생철학을 배웠다. 야구를 통해 너무나 많은 가르침을 얻었다. 정말 소중하고 고마운 사람을 많이 만났고 꿈과 도전, 사랑, 그리고 인생의 철학까지 배울 수 있었다. 내적으로 선수로서 사회에 어떠한 교류를 할 수 있는지가 중요하다. 이기고 지는 관념보다는 야구를 통해서 모든 사람에게 느끼고 전달할 수 있는 메시지가 나오는지를 더 중요하게 생각한다.

나는 지구에서 가장 운 좋은 사나이라고 생각한다. 특별한 자리를 만들어 준 구본능 한국야구위원회 KBO 총재와 관계자에게 정말 감사드린다. 내게 동료애와 선후배의 의리와 사랑을 깊이 느끼게 해준 선수협회와 선수 후배 여러분들께도 정말 감사드린다. 그리고 태어나서부터 내 모든 것을 지켜 주고 슬픔과 기쁨을 항상 함께해 준 부모님께 감사드린다. 삶의 목표와 질을 높여 준 아내에게도 감사한다.

마지막으로 야구에 대한 열정과 포기하지 않는 마음을 갖게 해준 소중한 지인들과 야구팬 여러분께도 뜨거운 감사를 드린다. 다시 꿈과 희망에 도전할 수는 없지만 야구인으로서 더 성장할 수 있도록 노력하겠다. 나의 나라 대한민국 야구를 위해 최선을 다하겠다."

야구계에서 빼놓을 수 없는 박찬호가 30년 동안 정든 유니폼을 벗고 은퇴하는 날 팬들은 아쉬워하면서 그를 보냈다.

한국인 최초로 메이저리그 무대를 밟고, 아시아 출신 통산 최다승인 124승이라는 업적을 남긴 그는 현역 선수 연장과 은퇴 사이에서 많은 고민을 했다고 전한다. 그러나 결국 은퇴라는 결정을 하였다.

하지만 팬들의 마음속에는 박찬호가 영원한 '코리안 특급'으로 기억될 것이다.

메이저리그에서 '코리안 특급'으로 맹활약을 펼쳐 온 박찬호는 1990년대 후반 IMF 한파로 많은 사람이 힘들어하고 있을 때 미국에서 힘차게 공을 던지며 국민들에게 희망을 준 야구 스타이다.

청소년과 국민을 향해 희망을 던져온 그가 1997년 '박찬호 재단'을 만들고 2012년 은퇴한 뒤로는 요즘 야구 꿈나무를 위해 활동하면서 보람찬 나날을 보내고 있다.

국내와 외국 무대에서 30여 년 동안 마운드를 누비면서 숱한 진기록과 화제를 던져 준 야구 사나이가 '박찬호 재단'을 통해 그동안 300여 명의 학생들을 지원했다. 메이저리그에서 특출한 기록을 쏟아내고 금의환향한 뒤에도 계약금 6억 원과 한화 구단에 백지위임한 연봉 2,400만 원까지 모두 유소년 및 아마추어 야구를 위해 기부했다.

고향 공주에서 전국 초등학교 야구 대회를 개최하여 꿈나무들에게 용기와 희망을 안겨 주었다.

박찬호는 "장학금을 통해 어린이들에게 금전적인 지원을 하고 있지만, 그들에게 가장 필요한 것은 '따뜻한 사랑과 마음'을 주는 것이라고 생각한다. 그래서 장학금뿐만 아니라 아이들과 함께 밥을 먹고 대화를 나누면서 용기와 희망을 주는데 많은 시간을 보내고 있다."라고 강조했다.

그뿐만이 아니다. 경기도 고양시 우리인재원에서 '2013 고양시 박찬호 유소년 야구 캠프'를 열었다. 그는 "야구가 발전하려면 어린이들이 초등학교 때부터 야구를 접할 수 있도록 체계적인 인프라가 갖춰져야 한다. 후배들도 어린이들을 위해 자신이 받은 것의 일부를 환원했으면 좋겠다."라면서 스스로 야구 경영과 행정을 공부하는 데 열정을 바쳤다.

제4장

'국민 타자'
이승엽 스토리

- 홈런 600호로 세계 프로야구 11인 등장
- '국민 타자'의 홈런 기록 행진
- 멈추지 않는 도전의 발길
- 일본 지바 롯데 마린즈에 입단
- 요미우리 4번 타자로 맹활약
- 이승엽의 야구 인생
- 야구장학재단 설립 운영

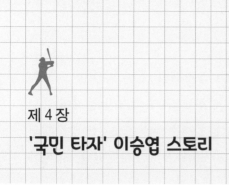

제 4 장
'국민 타자' 이승엽 스토리

홈런 600호로 세계야구 11인 등장

'국민 타자' 이승엽은 삼성 라이온즈 프로 데뷔 22년 만에 한국 KBO 리그와 일본 NPB를 오가며 수많은 타석에 선 끝에 마침내 2016년 9월 14일 대구 홈구장 담장을 훌쩍 넘기는 장쾌한 600번째의 홈런 축포를 터뜨렸다.

"드디어 한국인 야구 선수 중에서도 600홈런 타자가 탄생했다!"

이승엽은 추석 연휴 첫 경기인 9월 14일 대구 수성구 삼성 라이온즈 파크에서 열렸던 한화 이글스와의 홈경기에서 5번 지명타자로 선발 출전해 600호의 짜릿한 홈런포를 작렬시키며 팬들을 감동시켰다. 이날 대기록은 첫 타석에서 터져 나왔다. 그는 한화의 선발투수 이재우의 3구 째 시속 115km 포크볼을 깔끔하게 잡아당기며 포물선을 그려나갔다. 다른 홈런을 날렸을 때처럼 타구를 한 번 바라본 뒤 침착하게 베이스를 돌았다. 이로써 '국민 타자', '국민 영웅'의 이름을 드높이면서 세계 프로야구 11인에 이름 올렸다. 이날 그가 경기 초반에 달성한 600홈런 기록에 팀 동료들도 힘을 냈다.

이승엽의 홈런 행진은 스스로 연마한 노력의 결과인 동시에 홈구장인 대구야구장의 덕도 컸다. 2012년 시즌에서 이승엽은 양준혁의 국내 통산 최다 홈런 기록 351개보다 13개가 뒤진 상태였다. 저 기록을 넘어서야 하는데… 하는 욕심이 생겼지만, 그걸 따라잡기엔 너무 거리가 멀어 보였다.

그러나 자신감을 가졌다. 전형적인 홈런 타자로서 다섯 번의 홈런왕을 수상했을 만큼 독보적인 기록을 지녔고 꾸준한 홈런 생산력을 지녔다고 여겼기에 그런 욕망을 달성할 수 있다고 스스로에게 다짐했다.

그해 6월 현재, 통산 홈런 순위에서 양준혁이 351개로 1위, 장종훈이 340개로 2위, 이승엽은 338개로 3위에 올라 있었다. 그 뒤로는 심정수가 328개로 4위, 박경완이 313개로 5위였다.

국내에서 9시즌 동안 324개, 그해 시즌 13개로 3위라 앞으로 3개만 더 보태면 2위로 올라서고 한일 통산 500개에 도달하게 된다. 1위도 눈앞에 보인다고 여겼다. 일본에서 8년간 159개로 연평균 20개에 약간 모자라는 수치를 올렸던 터라, 별로 어렵지 않다는 생각이 들었다.

단일 시즌 최다 홈런은 2003년 시즌에 잠자리채 열풍을 불러일으킨 아시아 기록 56개이다. 그 밖에도 최초의 50홈런 고지를 정복하며 2위에 올랐던 1999년의 54개 기록이 있고, 2002년에도 47개도 통산 4번째로 단일 시즌에 많이 쳐낸 홈런 기록이 남아 있고, 여기에 6경기 연속 홈런을 날린 기록도 여전히 살아 있다.

8년 연속 두 자릿수 홈런은 물론 쉬운 것은 아니지만, 그에게는 특별할 것도 아니라는 생각이 앞섰다. 2년 차에 9개에 그친 것이 아쉽지만 10년 연속해서 두 자릿수 홈런을 터뜨린다면 첫해와 7년, 일본에서 첫해의 기록까지 포함해 연속 4년, 2009년, 2011년, 올해까지 15시즌을 기록하게 된다. 선수 생활 18시즌 동안 국내 한 시즌, 일본 두 시즌을 제외하면 꼬박꼬박 두 자릿수 홈런은 기본이었다.

사실 7년 연속 20홈런도 대단한 성적이다. 일본에서도 3년 연속 30홈런을 올렸고, 30홈런 시즌만 10번에 이른다.

연속 경기 홈런은 이대호가 세계 기록을 세우기 전까지는 공동 1위였다. 투수가 상대를 해주지 않으면 쉬운 일이 아니다. 연속 홈런 행진, 그것도 30홈런에 목을 걸면 홈런 치기가 더 어려워진다. 그래서 연속 30홈런 기록 도전은 매우 힘든 플레이다.

프로야구에서는 이승엽을 '5월의 사나이'라고 부른다. 5월에 월간 최다 홈런 기록을 세웠고, 두 해에 걸쳐 50홈런 고지에 올랐기 때문이다. 이승엽은 2003년 더블헤더 2경기를 치른 날에 1경기에 두 개씩 하루 4개의 홈런을 날려 그라운드를 뒤흔들어 놓은 일이 있다. 2경기 연속 2홈런이었다. 몰아치기에 탁월한 능력을 지녔던 그는 방망이에 한 번 불이 붙으면 그 누구도 말릴 수 없는 괴력을 지녔다.

당시 야구장별로 볼 때 최고의 홈런이 터진 곳은 대구야구장이다. 통산 338개의 홈런 가운데 200개가 대구에서 터졌다. 2003년에는 56개 중 35개가 대구에서 쏟아졌다.

"역사는 하루아침에 이루어지지 않는다."

야구 선수들이 이구동성으로 외치는 말이다. 다른 선수들이 쉬어갈 때에도 이승엽은 꾸준히 쳐내고 그것이 쌓여 현재의 결과를 만들어냈다. 그가 쏘아올린 통산 홈런의 60%가 대구에서 나왔지만 1년의 절반을 대구에서 뛰어야 했던 만큼 당연한 것이다. 그럼에도 전국을 돌면서 6년 연속 홈런 행진을 이어간 것도 역시 노력과 집념의 결실이었다.

일본의 경우, 통산 868홈런을 쳐낸 오 사다하루_{왕정치}도 도쿄돔 이전에 요미우리의 홈구장이었던 고라쿠엔 구장의 좌측 펜스 91m의 덕을 톡톡히 봤다. 이승엽은 일본에서도 가끔 130m 이상의 대형 홈런을 날렸다. 그에겐 거리는 문제가 아니었다. 오직 파워 강력한 장타력이 무기였다. 치바 롯데의 역풍을 뚫고 150m의 장외 홈런, 도쿄돔 최상단 조명 아래 벽을 맞추는 초대형 홈런도 장식했다.

'국민 타자'의 홈런 기록 행진

이승엽의 600호 홈런은 대단한 의미가 있는 기록이다. 일본 프로야구에서도 600홈런을 달성한 타자는 아직까지 2명이 전부다. 세계에서 가장 많은 홈런을 기록했던 왕정치가 868개의 홈런을 날렸고, 노무라 가쓰야_{전 라쿠텐 골든이글스 감독}가 현역 시절 657개의 홈런을 날렸다. 현재 일본 현역 선수 중 최다 기록 보유자는 이승엽과 함께 뛰었던 팀 동료 아베 신노스케_{요미우리 자이언츠}의 373홈런이다.

프로야구 역사가 가장 긴 메이저리그에서도 600홈런 타자는 8명뿐이다. 배리 본즈 762개, 행크 애런 755개, 베이브 루스 714개, 알렉스 로드리게스 696개, 윌리 메이스 660개, 켄 그리피 주니어 630개, 짐 토미 612개, 새미 소사 609개다. 이들 가운데 4명, 애런, 루스, 메이스, 그리피 주니어는 쿠퍼스 타운에 있는 메이저리그 명예의 전당에 헌액되었다.

로드리게스가 2016년 은퇴 경기를 끝내고 잔여 계약 기간이 1년 2

개월이나 남았음에도 불구하고 선수 생활 대신 구단 자문 역할을 수
행하면서 메이저리그 현역 타자 가운데 600홈런 타자는 사라졌다. 그
런 연유로 이승엽이 세계 유일한 600홈런 현역 선수의 맥을 이었다.

　메이저리그에서 600홈런에 가장 근접한 현역 선수로는 알버트 푸
홀스LA 에인절스로 589개의 홈런 기록을 지녔다. 2016 시즌 고질적 잔
부상에서 벗어난 푸홀스는 올해에는 무리겠지만 내년에 600홈런 돌
파가 유력하다고 보았다. 534홈런을 기록한 데이비드 오티즈보스턴 레
드삭스는 그해 시즌을 끝으로 은퇴하기 때문에 600홈런 도전에 나서
지 않았다.

　메이저리그 현역 3위 홈런 타자는 당시 추신수의 동료인 애드리안
벨트레텍사스 레인저스이다. 그때까지 443홈런을 기록하고 있는 벨트레
도 1979년생 노장이라 2018년까지는 500홈런에 도전할 가능성이 있
지만, 600홈런에 도전한다는 것 자체가 어려워 보인다.

　그만큼 한 시즌에 팀당 162경기를 치르는 메이저리그에서도 600홈
런 기록은 20년 이상 꾸준한 자기 관리를 통해서 겨우 이룩할 수 있
을 만한 대기록으로 여긴다. 메이저리그와 NPB, KBO 리그가 계속
열리고 있지만, 리그 수준 차이가 현저하기 때문에 600홈런 기록은

이어질 수밖에 없다.

　이들과 달리 이승엽은 KBO리그와 NPB 두 리그를 오가며 홈런 행진을 이어갔다. 다른 나라의 프로 리그를 오가며 달성한 홈런 기록으로는 세계 최초인 셈이다. 다른 나라의 리그에 진출하여 리그에 적응하는 문제가 까다롭고 어려운 상황에서 이승엽의 홈런 행진은 여러 가지 장애 요소를 극복하고 경쟁 선수들 틈에서 달성한 기록이라 더욱 값진 기록으로 꼽힌다.

　1995년에 고졸 출신 제1호로 지명되어 삼성 라이온즈에 들어가 데뷔한 이승엽은 1995년 5월 2일에 첫 홈런을 터뜨리면서 남다른 의미를 남겼다. 이날 그에게 첫 홈런을 안겨 준 투수가 바로 KBO 리그 역사상 가장 위력적이라고 평가받던 '잠수함 투수' 이강철^{현 KT wiz 감독}이

었다. 이강철은 KBO 리그 역사상 유일하게 10년 연속 10승+기록과 100탈삼진+기록을 동시에 달성한 투수였다.

　이승엽의 100번째 홈런도 역사적 기록으로 남아 있다. 첫 홈런을 날린 지 4년 정도가 지난 1999년 5월 5일, 대구 시민야구장에서 열렸던 현대 유니콘스와의 홈경기에서 이승엽은 KBO리그 역대 최연소 100홈런 기록을 쏘아 올렸다. 2001년 6월 21일 한화와의 홈

경기에서는 최연소 200홈런 및 최소 경기 200홈런 기록까지 동시 달성하며 혼선의 물결로 그라운드를 흔들어 놓았다.

이승엽은 2016년 9월 14일 대구 삼성라이온즈파크에서 한화 이글스 투수 이재우를 상대로 아치를 그려내 KBO리그 통산 441홈런을 기록했고, 일본 프로야구 무대에서 쳐낸 159홈런을 보태 600홈런을 달성했다. 이승엽의 통산 600호 홈런은 한국 프로야구 선수 최초로 달성한 대기록이다. 전 세계 야구선수 가운데 개인 통산 600홈런을 돌파한 선수는 메이저리그에는 8명, 일본엔 단 2명뿐이다.

이승엽이 선수 시절에 날린 600호 홈런 볼이 2022년 11월 온라인 경매에서 1억 5,000만 원에 팔렸다. 이 가격은 한국 스포츠 경매 사상 최고액으로 밝혀졌다. 경매업체 코베이옥션의 '삶의 흔적 경매전'에 1억 5,000만 원에 내놓았는데, 그 자리에서 바로 익명의 단독 응찰자에게 그대로 낙찰됐다.

당시 이승엽의 600호 홈런 공은 오른쪽 펜스를 넘어 날아가고 있었는데, 외야석에 앉아 경기를 관전하던 야구팬 양기동 씨가 공을 낚아채는 데 성공했다. 양 씨는 그동안 이 공을 간직하고 있다가 최근 미국에 유학 중인 아들의 학비 조달을 위해 이번 경매에 출품한 것으로 알려졌다.

이승엽은 만 26세 10개월 4일이 되던 날인 2003년 6월 22일 개인 통산 300호 홈런을 날렸는데, 이 기록은 세계 최연소로 기록으로 공인되었다. 홈런 공은 구관영 에이스테크놀로지 회장이 습득자로부터 1억 2,000만 원에 사들여 나중에 삼성 구단에 기증했다.

2003년 10월 2일에 날린 홈런 공도 한 시즌 아시아 최다 홈런 공 56호로 공인되었는데, 삼성그룹 협력업체 직원이 잡아 삼성 구단에 선물로 보냈다. 구단 측은 '56' 숫자에 맞춰 56돈짜리 순금 야구공을 만들어 선물에 답례했다. 56호 홈런은 기존에 자신이 세웠던 KBO리그 단일 시즌 홈런 기록을 깨뜨린 동시에 왕정치가 가지고 있던 아시아 기록까지 갈아 치운 것이다. 그 뒤 이 기록은 한동안 깨지지 않고 이어졌다.

400번째 홈런은 일본에서 나왔다. 요미우리 자이언츠에서 첫 시즌을 보냈던 2006년, 이승엽은 한신 타이거즈의 에이스 이가와 게이와 맞섰다. 그를 상대로 첫 타석에서 400홈런을 통쾌하게 날렸다. 400호 홈런 공은 한 관중이 챙겨 보관하고 있는 것으로 알려졌다. 이가와는 2006년 겨울 포스팅 시스템을 통하여 뉴욕 양키스와 계약했던 에이스였는데, 같은 날 그를 상대로 401번째 홈런을 터뜨렸다. 이 홈런이 일본에서의 끝내기 홈런이다.

2004년부터 2011년까지 8년을 일본에서 보냈던 이승엽은 2012년 KBO리그로 돌아와서 그해 7월 500번째 홈런 기록을 달성했다. 500호 홈런 공은 목동구장 넥센 히어로즈전에서 터졌는데, 외야석이 없는 목동구장 오른쪽 담장 뒤에서 몸을 풀고 있던 삼성 투수 안지만이 주워 구단에 기증했다.

메이저리그의 경우, 기념비적인 홈런 가운데 1998년 마크 맥과이어의 시즌 70호 홈런 공이 이듬해 경매에서 305만 달러1999년 기준 환율로 한화 약 34억 7,000만 원에 낙찰되어 최고가를 올렸다.

홈런 공은 아니지만, 2018년에는 베이브 루스, 사이 영, 타이 콥 등 메이저리그 초창기의 전설적 스타 16명이 사인한 야구공이 경매를 통해 62만 3369달러약 7억 500만 원에 팔렸다고 전한다.

멈추지 않는 도전의 발길

이승엽은 일본에서 159홈런을 포함하여 2016년 9월 14일 통합 600홈런 기록을 달성하고 KBO리그로 돌아온 뒤로도 멈추지 않는 도전 행진을 이어갔다. 단일 450홈런에 불과 9개가 남은 터라, 시즌 잔여 경기 17경기에서 이 기록을 달성하겠다는 의지를 굳혔다.

결코 무리한 일이 아니었다. 선수 생활의 마지막 시즌이 될 2017년까지 이 기록을 달성하고 은퇴한다는 각오가 대단했다.

그는 이미 13개 홈런을 기록한 2013년을 제외하고 꾸준히 20홈런 이상을 기록하고 있었다. 2014년 32홈런으로 최고령 30홈런 시즌을 만들었고, 2015년에도 26홈런을 터뜨렸으며, 2016년에도 25홈런을 날리며 꾸준한 모습을 이어갔다. 남은 경기에서 타력에 불이 붙어 홈런 페이스가 좋을 경우 자신이 세웠던 최고령 30홈런 시즌 기록 경신도 가능하다고 여겼다.

KBO리그 역사상 최다 타점 기록을 계속해서 늘려가고 있는 그는 앞으로 최다 득점 부문에서도 역대 1위에 오르겠다는 의지를 보였다. 이 부문 1위는 1,299득점을 기록한 양준혁이다. 1,279득점을 올리고 있는 이승엽이 양준혁의 기록을 깨트리겠다고 벼르는 것이다. 타격 감각이 무디지 않는 한, 이 기록도 갈아 치우는 일이 그리 어려운 것도 아니라는 계산이다.

통산 루타 부문에서도 양준혁이 3,879루타를 기록하면서 앞서고 있다. 이승엽은 600호 홈런을 통해 KBO 리그 3,805루타를 기록했다. 남은 시즌 17경기에서 이 기록을 넘어서기는 다소 부담이 되겠지만, 현역 생활을 지속할 내년에는 충분히 이 기록을 뛰어 넘을 자신이 있다며 스스로를 연마하고 새로운 기록을 써 내려갈 준비에 들어갔다.

은퇴를 예고한 2017년 이후에도 그에게는 활력이 넘칠 것이다. 그렇다고 해서 무리하게 열정을 불태운다는 것도 주의할 일이다. 선수 생활을 마무리할 2017년까지는 체력을 보완하고 타력을 다듬어야 남은 시즌 경기에 열정을 쏟아 부을 수 있다. 그의 불꽃 튀는 방망이가 프로야구 역사에 어떤 기록을 세우고 방점을 찍을지 아무도 모른다.

그가 포스트 시즌과 국가대표로서 날렸던 홈런들도 각별한 의미를 지녔다. KBO리그 포스트 시즌에서의 홈런이 생각보다 적었어도, 그 파워력은 컸다. 2002년 한국 시리즈에서 날렸던 홈런은 엄청난 충격과 함께 영향을 안겨 주었다고 지금까지도 회자되는 장면이다.

그때 삼성은 창단 이루 처음으로 한국 시리즈 챔피언에 목말라 있던 팀이었다. LG 트윈스와 한국 시리즈 전적 3승 2패로 앞서고 있었으나 5차전 잠실 원정에서 패한 충격에서 벗어나지 못하고 6차전에서도 3점 차로 뒤지고 있었다. 그런 상황에서 6차전 9회 말, LG는 당시 레전드 마무리 왼손 투수 이상훈현 MBC SPORTS 해설위원이 등판했다. 주자 2명이 나가 있는 9회 말 1사 상황에서 한국 시리즈 내내 타격이 부진했던 이승엽이 타석에 늠름한 표정으로 들어섰다.

여기서 그는 이상훈이 던진 공을 잡아당겨 극적인 동점 스리런 홈런을 날렸다. 더구나 이상훈에게 충격적인 블론 세이브를 안겨 줬다. 이승엽의 이 클러치 히트가 아니었다면, 다음 투수를 상대로 마해영이 백투백 끝내기 홈런도 나오지 않았을 것이다.

이승엽의 통쾌한 홈런 한 방으로 세 명의 타자가 홈인한 광경은 한마디로 야구는 9회 말 뒤집어진다는 유행어를 공인하면서 오랫 동안 회자하였다. 한 순간에 극적인 동점 드라마를 엮어 내고 역전할 수 있는 승리의 찬스를 만들어 냈다. 이렇듯 이승엽의 결정적인 타구로 소속 팀 삼성은 창단 첫 한국 시리즈 챔피언의 영광을 차지하면서 새로운 역사를 썼다.

국가대표로서도 결정적인 클러치 홈런들을 많이 날렸다. 2006년 월드 베이스볼 클래식 1라운드 3차전에서 일본을 상대로 1점 차로 뒤져 있을 때, 이승엽은 8회 말 공격에서 극적인 역전 홈런을 날렸다. 2라운드 2차전인 미국전에서는 선발 투수 돈트렐 윌리스를 상대로 첫 타석 초구 결승 홈런을 날려 대표팀의 4강 진출을 이끌었다.

2008년 베이징올림픽에서도 그는 결정적인 순간에 드라마를 엮어 냈다. 일본과의 4강전에서 8회 말 승부를 뒤집는 역전 홈런을 날렸다. 이로써 후배 선수들의 병역 문제를 깨끗이 해결해 주었다. 쿠바와의 결승전에서도 첫 타석에서 결승 홈런을 날리며 금메달 획득에 한몫 해냈다.

일본 지바 롯데 마린즈에 입단

이승엽은 2003년 12월 11일, 서울 리츠칼튼 호텔에서 기자회견을 열고 일본 프로야구 지바 롯데 마린즈 입단을 전격 발표했다. 미국 출신인 바비 발렌타인 감독 밑에서 뛰면서 2년 후 다시 메이저리그 진출을 시도하겠다는 것도 밝혔다.

그로서는 고민하고 심사숙고해서 내린 결정이었지만, 한국 최고의 타자가 미국으로 가기를 기대하던 많은 팬의 소망을 외면하고 일본으로 간다는 말을 듣는 순간 팬들은 커다란 실망감에 휩싸였다.

이날 기자회견 도중에 감정이 복받쳤는지 눈물을 흘렸다. 눈물을 쏟은 이유를 "아버지께 죄송한 마음" 때문이라고 고백했다. "지금까지 아버지의 의견을 거스른 적이 없었는데 일본 진출을 반대하는 아버지의 의견을 거스르면서 선택한 것이 죄송했다."라고 털어놓았다.

그로부터 9년이 흘러가고, 2012년 힐링 캠프에 출연해 이날 눈물을 흘린 이유에 대해 더 자세하게 늘어놓았다. "그 때 메이저리그 베이스볼 진출이 좌절된 것이 분해서 그런 게 아니라, 정든 대구와 삼성 구단을 떠난다는 사실에 마음이 아파서 눈물을 흘렸다."라고 말했다.

이승엽은 2003시즌 종료 후 FA 자격을 얻었는데, 그의 거취에 많은 야구팬이 주목했다. 그는 이미 오래전부터 메이저리그 베이스볼 진출을 희망하고 있었고, 팬들도 한국을 대표하는 타자인 그가 최고의 프로야구 무대인 메이저리그 베이스볼에서 뛴다는 기대감에 부풀어 있었다. 그러나 로스앤젤레스 에인절스 오브 애너하임, 로스앤젤레스 다저스, 시애틀 매리너스 등 다양한 구단의 이름이 언론에 오르내렸지만, 협상이 지지부진해지며 미국 진출은 불투명한 기색이 드리워졌다.

일본 프로 무대로 진출한 그는 시즌 초반 4월에는 폭풍과 같은 활약을 보이면서 시즌 1호 홈런을 터뜨렸다. 다이에의 젊은 파워 피처 아라카키 나기사를 상대로 장외 홈런을 날렸다. 지바 마린 스타디움으로 들어오는 바닷바람을 막기 위해 설치한 외야 벽을 뚫고 날아간 공은 건너편 주차장에 주차된 자동차의 유리를 박살내는 진풍경을 연출했다. 실로 엄청난 타력을 유감없이 보여 준 것이다.

그러나 그의 약점을 알아챈 일본 투수들의 집요한 공략에 휘말리면서 속수무책으로 수세에 몰려 타력이 불발하면서 2군으로 떨어진다. 그런 와중에 기존 주전 1루수였던 후쿠우라 카즈야와의 포지션

경쟁마저 완패를 당하여 좌익수로 밀려났다.

시즌 후반 다시 올라왔지만 큰 기대를 걸고 영입한 구단에서는 계속되는 부진한 성적에 실망하는 눈치를 노골적으로 드러냈다. 우여곡절을 겪으며 첫해를 보낸 뒤 다음 해에 동료 용병 타자인 베니 아그바야니가 3할 1푼에 35홈런 100타점을 찍으면서 대박을 치는 바람에 또다시 코너에 몰렸다.

2004년 성적은 14홈런 50타점 타율 0.240, 출루율 0.328, 장타율 0.450로 마감하고, 2005년에 새롭게 충전했다. 마침 롯데 코치로 부임해 일본으로 건너온 김성근과 함께 엄청난 훈련을 거듭하면서 명예 회복을 노렸다. 하지만 시범경기에서 20타수 1안타라는 부진을 겪으며 2군으로 밀려났다. 동료 선수 니시오카 츠요시가 감독의 선수기용에 대해 대놓고 항명으로 비쳐질 수 있는 행동을 하며 이승엽을 감싸 주었다.

열흘 만에 다시 1군으로 올라가 시즌 첫 경기에서 결승 3루타를 치고 첫 홈런을 날린 후 홈런과 안타를 연속 터뜨렸다. 결국 30홈런을 달성하면서 홈런 타자의 괴력을 보여 주었다. 이승엽 이후 지바 롯데에서는 30홈런 타자가 14년 동안 한 명도 나오지 않았다. 그러다가 2019년 시즌 개막 전 때 브랜든 레어드가 30홈런을 터뜨렸다.

그때 롯데는 굉장히 변칙적인 라인업을 사용하던 팀이었다. 부상이 없는 한 3번 타순에 고정되던 1루수 후쿠우라를 제외한 나머지 선수들은 모두 플래툰으로 돌렸다. 플래툰은 기본에 타순도 엄청나게 변칙적이었다. 이승엽을 특별 대우해 줄 수 있는 상황이 아니고, 더구나 아예 기회도 안 주었다는 말이 나돌았다.

한신 타이거즈와의 일본 시리즈에서는 맹활약을 펼치며 새롭게 조명되었다. 1차전의 상대 투수가 20승에 빛나는 좌완 이가와 게이였지만 발렌타인 감독은 이승엽을 선발 라인업에 기용했고, 이승엽은 그에 보답하듯이 쐐기 홈런을 기록했다. 시리즈 전체 홈런 3개를 치면서 한신을 따돌리고, 롯데가 일본 시리즈를 제패하는 데 일등 공신 가운데 한 명으로 떠올랐다.

그때 이승엽의 성적은 30홈런, 82타점, 타율 0.260, 출루율 0.315, 장타율 0.551, OPS .866를 기록하며 빛났다.

요미우리 4번 타자로 맹활약

이승엽은 구단에 상당한 대우를 해 달라며 당당하게 요구했다. 그동안 팀의 대우에 불만이 많았던 탓이다. 롯데와 재계약 협상을 하면서 계약서상에 수비 보장을 명시해 달라는 초유의 요구를 한 것이다. 실제로 지난 시즌 이승엽은 지명타자로 뛰는 것을 무척 싫어했으며, 좌익수라도 계속해서 고정적으로 맡기를 원했으나 팀의 용병 타자 세 명이 모두 외야수였던 관계로 그렇게 할 수가 없어 돌아가면서 지명타자를 맡을 수밖에 없었던 상황이었다.

당시 롯데의 세토야마 대표는 "금액은 이승엽이 원하는 대로 맞춰 줄 수 있지만, 수비 보장은 선수 기용의 문제이고 감독의 권한이기 때문에 받아들이기 힘들다."라며 난색을 드러냈다. 롯데와의 협상은 결렬되고 말았다. 선수의 요구를 들어준다는 것은 감독의 권한을 넘어서는 일이기 때문이다.

그 뒤 이승엽이 메이저리그 진출을 포기하고 요미우리 자이언츠를 선택했다. 걱정과 우려를 나타내는 여론이 높았으나 배수의 진을 치고 자이언츠에 입단했다. 다음 해 메이저리그 진출을 위해 계약 기간은 1년으로 한 것이다.

2006 월드 베이스볼 클래식에서 눈부신 활약으로 최고의 기량을 보인 반면 춘계 훈련에서 그다지 좋은 성적은 보이지 못했다. 하지만 개막전에서 6타석 3타수 3안타 1홈런 3볼넷의 성적을 보이면서 진가를 발휘했다. 6월 초 무라타 슈이치를 제치고 홈런 1위로 올라섰고, 9월 초까지 계속하여 리그 홈런 1위를 달렸다. 8월 말 고질적인 무릎 부상이 도지면서 홈런 페이스가 주춤해지면서 타이론 우즈에게 홈런왕 자리를 내주었다.

그가 주춤하는 사이에 우즈가 미친 듯이 후반기를 몰아쳤다. 여기서 우즈와의 홈런왕 신경전이 불거지면서 또 다른 볼거리를 제공했다. 우즈도 이승엽을 지나치게 경계하는 불미스러운 언동을 보여 논란을 일으켰다. 2007년 말까지 '우즈가 잘한다', '이승엽이 우수하다'는 논쟁이 일본 야구 평론가들 사이에 가끔 등장했다.

그 해, 요미우리의 성적은 그렇게 좋은 편이 아니었다. 이승엽이 극적인 홈런을 날려도 투수들이 흔들렸고 야수진들도 제 기능을 못하고 있었다. 이승엽과 함께 중심 타선을 구축해 줘야 할 다카하시 요시노부, 고쿠보 히로키가 부상으로 전력이 약화되었다. 2005년엔 호리우치 츠네오 감독이 물러나고 2006년에 하라 감독이 돌아와서 팀을 복구하는 데 힘썼다. 그런 와중에서 이승엽은 커리어 최고 성적을 올렸지만 반대로 팀은 2년 연속 B클래스에 머물렀다. 이승엽과 하라 다쓰노리 감독, 우쓰미 테츠야 등의 활약으로 그나마도 유지한 것이다.

그 시즌 이승엽의 성적은 41홈런, 108타점, 타율 0.323, 출루율 0.389, 장타율 0.615, OPS 1.003으로 매우 인상적인 활약을 보였다.

이로써 이승엽의 인기는 폭발적이었다. 성적 자체가 좋았던 이유도 있지만, 일본 최고의 명문 팀에서 4번 타자로 맹활약을 펼치는 '한국 최고의 타자'라는 점에 팬들이 열광한 것이다.

이런 흐름을 타고 이승엽은 요미우리 구단과 4년간 30억 엔의 초대형 재계약을 맺었다. 그때 일본 프로야구에서는 최고의 메가톤급 계약이었다.

이승엽은 자신의 능력을 믿고 붙박이 4번 타자로 지정해 준 하라 감독에게 우승을 안겨 주고 그 대가로 메이저리그로 가고 싶었다. 그러나 요미우리 구단과의 재계약으로 그 꿈을 일단 접었다. 그러자 한국 팬들은 "일본 리그가 미국 리그로 진출하기 위한 중간 단계에 불과하다"며 아쉬워했다. 그도 "2006년 시즌을 치르는 동안 미국에서 꽤 좋은 제안이 있었지만 요미우리가 보여 준 진심 때문에 요미우리에 남았다."라고 고백했다.

2007시즌에서는 지난 시즌의 성적을 뛰어넘는 괴물이 될 것이라는 기대가 넘쳐흘렀다. 정작 시즌 중간 2군을 다녀오는 등 부진을 겪었다. 시즌 최종 성적은 30 홈런, 74타점에 타율 0.274, 출루율 0.322, 장타율 0.501, OPS 0.823에 머물렀다. 볼넷 38개를 골라내는 동안 119개나 되는 삼진을 당하면서 공을 고르는 선구안 문제가 불거졌다.

3월에 당한 왼손 엄지손가락 부상도 성적 부진으로 작용했다. 손가락 통증이 점점 심해져 시간이 갈수록 타석에 들어서는 것 자체가 고통스러웠다. 통증이 악화된 시즌 후반기엔 몸쪽으로 들어오는 공을 버리고 바깥쪽 공만 타격하면서 전체적인 타력 균형이 무너져갔다. 그런 가운데서도 시즌 막판 몰아치기로 30홈런 기록을 달성했다.

시즌이 끝난 뒤 엄지손가락 수술을 받았다. 그때 장훈을 비롯한 원로들은 "수술하지 않는 게 좋겠다."라고 조언했다. 수술하면 신경세포가 같이 죽게 되므로 타격에 어려움을 겪는다는 이유였다. 통증은 없어질지 몰라도 이전과 같은 느낌으로 타격하기가 힘들어질 것이라고 우려했다. 그러나 그는 수술을 선택했고, 그 선택은 우려했던 대로 발목이 잡히는 결과를 불러왔다.

2008년 시즌에선 4월 한 달간 1할 2푼 5리의 처참한 성적을 내고 다시 2군으로 내려가서 전반기를 쉬다시피 보냈다. 일본의 안티 요미우리 진영에게도 그의 부진을 좋은 먹잇감처럼 여겨 조롱했다. 원로 노무라 카츠야는 "이승엽은 장식용 4번 타자"라는 악평까지 늘어놓았다.

7월 말 다시 복귀했으나 장타력이 되살아나지 않아, 대타나 중간 교체로 뛰는 경우가 많았다. 부진의 늪이 깊어지면서 베이징올림픽 참가 여부에도 말들이 많았다. 하지만 하라 다쓰노리 감독은 "만일 한국이 일을 낸다면, 승짱_{승엽}이 일을 낼 것"이라고 예언했고, 그 예언은 적중했다.

베이징올림픽에서 준결승전까지 중국전 끝내기 안타를 빼고는 지독한 부진에 시달렸으나, 일본과의 준결승 8회에서 이와세 히토키를 상대로 투런 홈런을 날려 전세를 완전히 뒤집었고, 결승전에서 1회 쿠바 투수에게 왼쪽 담장을 넘어가는 투런을 쏘아 올려 대한민국 금메달의 일등 공신이 되었다. 이로써 그는 부동의 4번 강타자라는 칭호를 확고히 지녔다.

그는 언론 인터뷰에서 "홈런을 쳐서 일본한테는 미안하다. 하지만 우리는 같은 아시아인이다."라고 말했다. 이에 대해 한국에서는 "지나치게 예의를 차린다", "일본 리그 팀 복귀를 의식하는 거냐", "이미 패배한 팀을 두 번 죽이는 말"이라는 등의 부정적인 반응이 쏟아졌다.

베이징올림픽 야구 우승의 영광을 안고 8월 말에 다시 리그로 복귀한 그는 9월 초에 잠깐 2군으로 내려가다가 9월 중순부터 시즌 마지막까지 5번 타자로 기용되었다. 요코하마전에서 3연타석 홈런을 날렸고, 한신과의 3연전에서 맹타를 휘두르는 등 요미우리가 한신에게 13게임 차를 뒤집고 우승하는 데 이바지했다. 클라이맥스 시리즈에서 2개의 홈런을 치면서 정규 시즌의 부진을 어느 정도 만회했다. 하지만 그 뒤에 벌어진 일본 시리즈에서 18타수 12삼진이라는 너무 저조한 기록을 세웠고, 요미우리는 준우승에 머무르고 말았다.

2008년 성적은 45경기 출장에 8홈런, 27타점, 타율 0.248, 출루율 0.324, 장타율 0.431, OPS 0.755으로 마감했다.

2009년 제2회 WBC 불참을 선언하고, 시즌 성적에 집중하겠다고 공언한 뒤, 3월 시범경기에서 홈런 8개를 치면서 팬들의 기대를 높였다. 4월 초 부진에 빠지면서 주전 자리에서 물러났다. 그간 이승엽에 대해 강한 믿음을 보였던 하라 감독의 선택이었기에 팬들 사이에서도 상당한 논란이 일어났다.

그런가운데 5월 초 타율이 높아지는 듯하다가 무안타 부진에 빠지자, 감독은 그를 다시 플래툰으로 돌려 팬들을 안타깝게 만들었다. 7월 초 하라 감독은 '무기한 2군 강등'을 선언하고 1군 엔트리에서 제외시켰다. 이승엽은 1군에 못 올라오고 77경기 출장에 머무르며 16홈런 36타점 타율 0.229, 출루율 0.327, 장타율 0.484, OPS 0.811이라는 초라한 성적에 그쳤다.

2011년 10월 19일, 이승엽이 국내 복귀를 결정했다는 신문 기사가 나왔다. 오릭스와의 계약 기간이 1년 남았지만 잔여 연봉을 받지 않는 조건으로 계약을 해지한 것이다. 그 뒤 10월 21일 홋토못토 필드 고베에서 자신의 일본 프로야구 무대 은퇴 기자회견을 열고 이렇게 밝혔다.

"내가 가진 실력과 노력을 전부 보여 주지 못해서 아쉽다. 일본에 진출할 후배들에게 멘탈이 중요하다."

이승엽의 야구 인생

대구중앙초등학교 시절, 야구부에 들어가는 문제를 놓고 아버지와 감독 사이의 의견이 좁혀지지 않았다. 그는 "야구를 시작할 때까지 단식하겠다."라며 야무지게 포부를 밝히면서 야구를 반대하는 아버지에게 졸라댔다. 그런 결기로 야구를 시작한 그는 투구와 타격 모두 뛰어난 자질을 보였다. 그중에서도 특히 좌완 투수로 좀 더 이름을 알렸다.

경상중학교 재학 당시 노히트 노런을 기록했고, 경북고등학교 재학 시절 1993년 청룡기 대회에서는 팀을 우승으로 이끌며 우수 투수상을 받았다. 1994년 청소년 국가대표로 선발된 그는 투타에서 고루 활약을 펼치며 팀을 우승으로 이끌었다.

고교를 졸업하면 한양대학교에 입학한다는 것으로 가계약되어 있었으나, 수능에서 총점 40점 이하를 기록한 탓에 대학 진학자격을

얻지 못하고 삼성 라이온즈에 입단했다. 그때 교육부 규정엔 체육특기자도 수능시험 총점이 40점을 넘지 못하면 대학 입학이 불가능했다. 그러나 그는 프로 입단을 위해 고의로 시험을 망친 것으로 알려져 화제가 되었다. 그런 사실을 뒷날 힐링 캠프에서 털어놓았다.

"수능시험에서 37.5점을 맞았다. 대학 오리엔테이션에 참가했는데 선배들이 술을 엄청나게 권하는 바람에 이건 대학 생활이 아니라고 생각하고 1교시는 다 찍고, 2교시부터 당구장으로 도망갔다. 당연히 성적이 나빴다."

그 증언이 한양대 입학 동기가 될 뻔한 김건덕에게서도 나왔다. 둘 다 한양대 입학을 위해서 합숙소에 잡혀 있었는데, 여기서 일부러 시험을 망치기로 의기투합해서 김건덕은 37점, 이승엽은 37.5점을 받았다는 것이다. 경남상고를 나온 김건덕은 수능 점수랑 상관이 없어서 결국 대학에 들어갔다. 그러나 어깨 부상으로 결국 프로 지명을 받지 못했다. 뒷날 당시의 일화를 모티브로 한 뮤지컬 〈너에게 빛의 속도로 간다〉가 대학로에서 공연되어 인기를 끌었다.

프로 입단 이후 대타로 데뷔전을 치른 이승엽은 LG 간판 김용수를 상대로 중전 안타를 때렸다. 1995년 데뷔 첫 시즌 타율 .285에 홈런 13개로 신인으로서는 놀라운 활약을 보였지만, 이동수에게 밀려서 신인왕에 오르지 못했다.

이듬해인 1996년 백인천 감독이 부임했는데, 백 감독은 이승엽에게 외다리 타법을 전수해 주었다. 1996년 2년차 시즌을 조정 시기로 보냈는데 첫 3할 타율을 기록하고 홈런 9개를 날렸다. 이 시즌엔 이동수, 이만수와의 동시 기용을 위해 종종 좌익수로 나섰다. 이만수가 지명타자, 이동수가 1루수를 보면 이승엽은 좌익수로 뛰는 것이었다. 가끔 1루를 보기도 했다.

1995년 KBO리그 신인 드래프트를 통해 계약금 1억 3,200만 원, 연봉 1,000만 원의 조건으로 투수로 입단하였다. 좌완 투수 유망주였으나 경북고등학교 시절 당했던 팔꿈치 부상으로 인해 입단 초기부터 투수 훈련에 애를 먹었다. 첫 스프링 캠프에서 당시 타격코치였던 박승호로부터 1년만 타자로 뛸 것을 권유받았고, 좋은 반응이 나와 1루수로 완전히 전향했다.

프로 입단 3년 차인 1997년부터 본격적으로 그의 타격이 정점을 찍으면서 아시아 프로야구 역사상 최고의 타자로 거듭났다. 그의 기량은 날개를 달고 치솟아 올랐다. 1999년에 홈런 54, 타점 123, 득점 128, 출루율 0.458, 장타율 0.733을 기록하며 타격 5관왕에 올랐고, 한국 프로야구 최초로 50홈런을 넘어서는 대기록을 세웠다.

'이승엽 응원가'가 매우 흥미롭다.

아- 아- 아 이승엽 삼성의 이승엽
아- 아- 아 이승엽 전설이 되어라
아- 아- 아 이승엽 삼성의 이승엽
아- 아- 아 이승엽 전설이 되어라.

야구장학재단 설립 운영

야구 인생 2막을 시작한 이승엽 KBO 홍보대사는 "초·중·고교 야구 꿈나무들을 가꾸겠다."라면서 자신의 이름을 내건 야구장학재단을 2018년 4월에 만들었다.

"예전부터 꾸준하게 할 수 있는 게 무엇일까? 하고 생각해 왔다. 야구 꿈나무들이 보다 좋은 환경에서 프로 선수의 꿈을 키울 수 있는 기반을 마련하고 싶어 야구장학재단을 만들겠다는 생각을 해왔다." 라고 말해 왔던 그가 마침내 그 꿈을 편 것이다.

고향 대구에 둥지를 튼 '이승엽 야구장학재단'은 ▲후원금 전달 ▲ 장학금 전달 ▲유소년 야구 Q&A 및 유소년야구대회 개최, 찾아가는 야구교실, 야구캠프, 사랑 나눔 봉사활동 등 여러 가지 장학 사업을 펴고 있다.

이승엽 재단이사장은 "우리 아이들이 스포츠를 통해 꾸는 꿈. 그 소중한 꿈을 지켜주고 싶다. 적어도 그 아이들이 경제적인 문제, 환경적인 문제로 실망하고 또 포기해선 안 된다고 생각한다. 아이들의 꿈을 지켜 주는 것이 어른들의 존재하는 이유이며 우리 재단의 존재 이유이기도 하다. 앞으로 재단을 통해 아이들을 직접 만나며 함께하겠다."라고 강조했다.

그는 이어서 "내가 마운드를 떠남으로써 사랑하고 곁에 두고 싶었던 야구와 이별하게 되었다. 선수로 뛰면서 소중한 추억이 많은데 다시 돌아갈 수 없다는 게 너무나 아쉽다. 저는 선수로 돌아갈 수 없지만 여러분들께서 저를 대신해 주인공이 되길 바란다."라고 덧붙였다.

그러면서 "여러분들이 좋은 사람이자 좋은 선수가 될 수 있도록 조금이나마 보탬이 되고 싶다. 이제 이승엽 야구장학재단이 첫발을 내딛게 됐는데 많은 분들께서 관심을 보내 주시는 만큼 실망감을 안겨 주지 않도록 최선을 다하겠다. 이승엽답게 일하겠다."라고 약속했다.

그는 이승엽 야구장학재단을 설립한 뒤 이렇게 밝혔다.

> "그동안 야구 하나만을 바라보며 어린 시절부터 프로 선수까지 30년이 넘는 시간을 보냈습니다. 제가 좋아하는 야구를 하면서 많은 분들께 너무나 큰 사랑을 받았습니다. 이제 그 사랑 조금씩 되돌려 드리고자 합니다.
> 우리 아이들이 스포츠를 통해 꾸는 꿈. 그 소중한 꿈을 지켜 주고 싶습니다. 적어도 그 아이들이 경제적인 문제, 환경적인 문제로 실망하고 또 포기해선 안 된다고 생각합니다. 아이들의 꿈을 지켜 주는 것이 어른들이 존재하는 이유이며, 우리 이승엽 야구장학재단의 존재 이유이기도 합니다. 앞으로 재단을 통해 아이들을 직접 만나며 함께하겠습니다. 지켜봐 주시고 동참해 주십시오. 감사합니다."

이승엽 야구장학재단은 초·중·고 학생 18명에게 매년 총 6,000만 원의 장학금을 지원하고 있다.

대한야구소프트볼협회KBSA에 속한 초등학교 10명, 중학교 5명, 고등학교 3명 등 총 18명을 장학생으로 선정, 매월 초등학생 20만 원, 중학생 30만 원, 고등학생 50만 원씩 매년 총 6,000만 원 상당의 장학금을 지원하고, 장학생들에게는 야구용품도 함께 전달했다.

그러나 2022년부터는 야구 장학생들에게 초·중·고 학급별 정규 교육과정을 마칠 때까지 장학금을 주는 것으로 방침을 바꾸었다. 중학교 1학년 야구선수가 장학생으로 선발되면 중학교를 졸업할 때까지 장학금을 받는 것이다.

　이승엽 재단이사장은 "이번 장학 지원 사업을 통해 유소년 선수들에게 더 많은 혜택을 줄 수 있도록 노력하겠다. 장학생 선발에는 투명성과 공정성이 가장 중요하다. 대구시교육청 장학사, 한국장학재단 인재육성장학부 소속의 팀장 등을 포함한 관계 인사들로 '장학생 선발위원회'를 구성해 공정하게 장학생을 선발하고 있다."라고 밝혔다.

　'국민 타자', '국민 영웅', '라이언 킹' 등으로 팬들의 사랑을 받은 이승엽은 야구 선수에서 은퇴한 뒤 2018년부터 KBO 홍보대사, 대한민국 야구 국가대표팀 기술위원회 위원, SBS 및 SBS 스포츠의 야구 해설위원으로 활동했으며, 지금은 '이승엽 야구장학재단 이사장'으로 야구 꿈나무를 육성하는 데 정성을 쏟고 있다.

제5장

'타격 7관왕'
이대호 스토리

———

- 청소년 국가대표 선수로 활약
- 한국 선수 최초의 퍼시픽리그 타점왕
- 역경 딛고 미국 진출 꿈 이뤄
- 롯데 자이언츠에 복귀
- 색다른 기록과 재미난 일화
- 개천에서 용처럼 솟아오른 스타
- 전무후무한 타격 7관왕의 전설

제5장
'타격 7관왕' 이대호 스토리

청소년 국가대표 선수로 활약

이대호李大浩는 부산 수영초등학교 3학년 때 전학 온 추신수의 눈에 띄어 야구를 시작했고, 부산 대동중을 거쳐 경남고등학교에 진학해 선발 투수로 나섰다. 2000년에는 추신수, 정근우, 김태균과 함께 캐나다 앨버타주 에드먼턴에서 열린 세계 청소년야구 선수권대회 국가대표로 출전했다.

그의 어린 시절 본래 포지션은 투수였고, 2001년 롯데의 2차 1순위 지명을 받아 입단할 당시에도 투수로 들어갔다. 그러나 첫 번째 전지훈련 중에 어깨 부상을 당한 뒤에, 우용득 2군 감독의 권유로 그해 5월부터 타자 전향 훈련을 시작했다. 타자로서의 자질을 인정한 김명성 감독의 승인을 받아 투수에서 타자로 전향했다.

타자로 전향한 그가 1군으로 올라온 계기는 2001년 9월 18일 마산 홈경기 도중 펠릭스 호세와 배영수가 충돌한 사건이었다. 롯데가 8경기를 남겨 놓은 상태에서 배영수 폭행 사건으로 펠릭스 호세가 징계를 받아 남은 경기에 나설 수 없게 되었다.

이때 우용득 감독 대행은 2001년 9월 19일에 호세를 말소하고 이대호를 1군으로 처음 불러들였다. 그는 1군에 올라온 그날 대타로 타석에 들어와서 1군 데뷔전을 성공적으로 치렀다. 다음 날인 9월 20일 마산 삼성전에서 1군 데뷔 첫 안타를 기록하며 감독의 인정을 받았다. 데뷔 첫해에는 1군 6경기에 나서서 8타수 4안타를 기록했다.

2002년 당시 감독이었던 백인천으로부터 체중을 줄이라는 감량을 명령받아 무리한 훈련 중에 무릎 부상을 당했다. 2003년엔 무릎 부상의 여파로 출전 시간이 많지 않았고, 양상문이 감독으로 부임한 2004년부터 1군 레귤러로 정착했다. 2005년에는 올스타전 MVP를 차지하면서 스타 반열로 들어섰다.

2006년 강병철이 감독으로 부임한 뒤, 본격적으로 두각을 드러내며 실력을 인정받기 시작했다. 2006년 타율, 안타, 홈런 부문에서 1위를 휩쓸면서 이만수 이후 KBO 역대 2번째 타자 부문 트리플 크라운을 차지하는 기록을 세웠다. 득점권 타율도 0.390으로 가장 높았고 장타율 부문에서도 1위에 올라섰다.

이 덕분에 1루수 부문 골든글러브를 거머쥐었다. 그러나 정규 시즌 MVP 투표에서는 류현진에게 밀려 2위에 그쳤다. 강민호와 함께 처음으로 국가대표에 선발되어 2006년 아시안게임에 출전하여 동메달을 따냈다.

그는 롯데 자이언츠 선수들 중 투수 송승준, 포수 강민호와 함께 2008년 하계 올림픽 야구 국가대표팀에 선발돼 3할대의 타율, 3홈런, 10타점으로 활약을 펼쳐 금메달을 획득하며 병역 특례를 받는 행운도 누렸다.

2009년 제2회 월드베이스볼 클래식WBC 대표팀에도 선출됐지만 2 할대 타율로 눈에 띄는 성적은 남기지 못했다. 2010년 8월 20일 두산 베어스전에서 홍상삼을 상대로 장외 홈런을 쳐 이승엽, 심정수 이후 7년 만에 시즌 40홈런을 달성했다.

그 뒤로도 도루를 제외한 타격 7개 부문타율, 안타, 홈런, 타점, 득점, 장 타율, 출루율에서 1위를 기록하며 프로야구 사상 최초로 타격 7관왕을 차지하는 진기록을 세웠다. 2010년에 정규 시즌 MVP를 수상했다. 2011년 3할대 타율, 최다 안타, 출루율 등 타격 3개 부문에서 1위를 차지하며 해당 부문 2연패에 성공했지만, 홈런은 최형우에게 밀려 수상하지 못했다.

한국 선수 최초의 퍼시픽리그 타점왕

2011 시즌을 마치고 이대호는 일본 퍼시픽리그에 진출했다. 2011 년 12월 5일, 오릭스 버팔로스와 계약 기간 2년, 계약금 2억 엔, 연봉 은 2억 5,000만 엔, 인센티브는 연간 3,000만 엔으로 총액 최대 7억 6,000만 엔약 111억 원에 계약했다.

2012년에 오릭스 버팔로스는 퍼시픽리그 최하위였지만, 그는 정규 시즌 전체 144경기에서 모두 4번 타자로 출전했고 올스타에 선정됐다. 월간 MVP 2회5월/7월, 올스타전 홈런 더비 우승, 2할대 타율, 24홈런, 91 타점을 기록하며 성공적인 첫 시즌을 보냈다.

한국 프로야구 출신의 한국인으로는 첫 타이틀인 퍼시픽리그 타점 왕을 획득했고, 1루수 부문 베스트 나인9에 선정됐다. 2013년에는 2 년 연속 24홈런, 91타점을 기록했고 타율은 3할을 돌파하며, 올스타전에 선정되는 등 안정적인 성적을 쌓았다.

퍼시픽리그 때의 일화이다. 이대호 위에 놓을 수 있는 타자들도 몇 몇 존재해서 "리그를 씹어 먹겠다"라는 말이 유행했다. 그런 오기로 4년 동안 꾸준히 출장한 NPB 톱타자라는 평가에 걸맞은 성적을 올렸다. 국적은 한국이지만 일본에서 성장한 장훈과 백인천을 제외한 KBO 출신 한국 타자들과 다른 선수들 틈에서도 독보적으로 성공한 선수 커리어를 이어갔다. 그런 애국심과 우정으로 메이저리그까지 진출하였고, 리그 평균보다 약 50% 이상 더 나은 타격을 보여 주었다.

이대호보다 먼저 일본 프로야구팀에 진출해 성공한 타자로 꼽히는 이승엽과 비교해 보면, 8년간 이승엽은 14.9의 WAR을 기록했는데, 이대호는 4년간 17.6을 기록하면서 앞섰다. 이대호의 일본 진출 시기가 하필 새로운 공인구 효과로 역대 최고 수준의 투고타저 시기였던 때라 어려움이 컸다. 실제로 그 당시 기록을 보면 홈런과 2루타, 장타율 등은 이승엽도 좋은 편이었지만 나머지 모든 타격 부문에서 이대호와 상당한 차이가 벌어졌다.

그 뒤 후쿠오카 소프트뱅크 호크스로 옮겼다. 2013년 12월에 계약했다. 보장 금액은 2년간 총액 9억 엔이며 3년째에 그가 재계약 선택권을 갖는 조건이었다. 2014년 시즌에 오릭스 버팔로스와의 경쟁 끝에 퍼시픽리그 정규 시즌 우승을 차지했고, 클라이맥스 시리즈 파이널 스테이지에서 니혼햄 파이터스, 일본 시리즈에서 한신 타이거즈를 물리치며 팀 최초 시리즈 우승을 거머쥐었다. 시즌 이후 2014년 12월 26일에는 삼성 라이온즈의 외국인 투수였던 릭 판 덴 휘르크가 팀에 영입되며, 같은 팀에서 활동하게 됐다.

2015년 시즌에도 퍼시픽리그 정규 시리즈에서 우승했고, 팀이 일본 시리즈에 진출했으며 일본 시리즈에서 2홈런을 포함해 뛰어난 활약으로 팀을 일본 시리즈 우승으로 이끌었다. 우승과 동시에 한국인 최초로 일본 시리즈 MVP에 선정됐고, 2015년 시즌 후 MLB 진출을 선언했다.

역경 딛고 미국 진출 꿈 이뤄

이대호는 역경을 딛고 일어나 미국 진출의 꿈을 이루었다. 시애틀과 4,800만 달러로 입단 계약을 맺었다. 실력과 인성을 모두 인정받은 완벽한 선수라는 칭호를 받았다. 시애틀 매리너스에 입단함으로써 미국 무대 진출이란 목표를 달성한 이대호는 어려운 환경 속에서도 뚜렷한 가치관을 지키며 살았고 기어이 성공까지 거머쥔 선수로 평가된다.

"돈보다 꿈을 택하겠다."라고 말하던 그의 바람은 특히 가난했던 어린 시절과 대비돼 극적인 효과를 불러일으켰다. 어린 시절에 할머니오분이 씨 손에서 어렵게 성장한 그는 어느덧 한·일 프로야구를 평정한 뒤 미국으로 진출, 마지막 꿈을 펼치게 된 것이다.

시애틀 매리너스의 공식 발표에 따르면 이대호는 1년 총액 4,800만 달러약 48억 6,800만 원에 구단과 스플릿 계약을 체결했다. 계약 조건을 떠나 꿈을 이루는 데 목표를 두겠다던 이대호의 바람이 반영된 결과이다.

사실 이대호의 지난 시즌 소속 팀인 일본 소프트뱅크는 시애틀보다 훨씬 많은 돈을 내걸었다. 일본의 석간신문 후지는 최근 '소프트뱅크가 이대호를 잡기 위해 3년 18억 엔약 183억 원을 준비했다'고 보도

했다. 그러나 이대호는 지난해 11월 메이저리그 진출 선언 이후 3개월 가까이 새 팀을 찾지 못했지만, 일본엔 눈길조차 한 번도 주지 않았다. 확고한 희망, 미국행의 꿈을 위해 한국으로 돌아와야 하는 일이 생기더라도 미국행 도전을 멈출 수 없다는 의지를 접지 않았다.

이대호의 이러한 목적의식은 그의 성장 과정, 그리고 꾸준히 펼치는 선행 활동과도 맞닿아 있다. 그는 3세 때 아버지가 세상을 떠나고 어머니가 재가하면서 할머니 손에서 형과 함께 자랐다. 2012년 한 TV 토크쇼에서 이대호는 "할머니가 부산 팔도시장에서 채소를 팔면서 형과 저를 어렵게 키웠다. 할머니가 쌍가락지를 전당포에 맡겨 돈을 빌리는 걸 스무 번 정도 보았다. 그 모습을 잊지 못하면서 야구부 생활을 버텼다."라고 털어놓은 일이 있다.

그러던 이대호는 고교 2학년 때 할머니를 여의면서 반드시 "야구로 성공해야 한다."라고 결심했다. 그는 당시를 돌이켜 "할머니가 제 뒷바라지한다고 고생만 하시다가 돌아가셨다. 꼭 야구로 성공해 하늘에 계신 할머니께 보여 드리겠다고 그때 다짐했다."라며 눈시울을 붉혔다.

롯데 자이언츠 때부터 등번호 10번을 달았던 그는 오릭스 버펄로스에 입단할 때는 25번을 배정받았다. 25번은 할머니에 대한 효심으로 달게 된 번호였다고 말했다. 이대호의 할머니 사랑은 봉사로 이어졌다. 그는 2006년부터 매년 부산의 달동네에서 홀로 사는 독거노인을 위한 연탄 나르기와 목욕 봉사활동을 해왔다.

지난해 11월 한국인 최초로 일본 시리즈 MVP를 받고 돌아왔을 때 이대호는 쇄도하던 방송 출연과 인터뷰를 정중히 고사했다. 부상에 따른 휴식 등 개인적 이유로 응하기 어렵다고 설명했다. 그런 상황에서 단 하루 외부 활동을 펼쳤다. 매년 거르지 않고 해온 달동네 연탄 배달 봉사활동이었다. 매서운 추위에도 아침부터 해가 질 때까지 연탄을 직접 나르는 봉사활동을 이어갔다. 2011년에는 3년째 가정 환경이 어려운 아이들에게 장학금을 주고 있다는 게 뒤늦게 알려지면서 화제가 되기도 했다.

이대호의 이번 메이저리그 진출을 바라보며 계약 조건과 주전 가능성에 대해 아쉬움을 드러내기도 했다. 그는 힘들었던 어린 시절을 발판으로 해마다 선행 활동을 이어가며 한·일 야구 정상에 올랐고, 마침내 자신의 마지막 꿈인 미국 무대 진출 꿈을 이루었다.

사실 그는 미국 진출에 앞서 여러 구단과 입단 협상을 벌였지만 좀처럼 계약 소식이 전해지지 않다가 2016년 2월 3일, 스프링캠프 초청권을 포함해 1년간 총액 400만 달러약 45억 원에 스플릿 계약을 맺은 것이다.

2016년 3월 8일 애리조나 다이아몬드백스와의 시범경기에서 첫 홈런을 기록했다. 스플릿 계약으로 MLB 진입을 장담하지 못하는 상황에도 시범경기에서 좋은 성적을 기록하며 많은 경쟁자를 제치고 메이저 25인 로스터에 진입, 애덤 린드의 백업 1루수로 시즌을 시작했다.

4월 14일 텍사스 레인저스와의 경기에서 끝내기 2점 홈런을 기록하며 MLB 2호이자 데뷔 첫 끝내기 홈런을 기록했다. 6월 11일 텍사스 레인저스와의 경기에서 솔로 홈런과 3점 홈런을 기록하며 MLB 데뷔 첫 두 자릿수 홈런을 기록했다. 오른손 대타 요원으로서 대단한 활약을 보여 준 그는 주전 지명타자로 선발 출장했지만, 감이 떨어진 탓에 오히려 어려움을 겪는 모습을 보였다. 손목 부상을 기점으로 약점도 드러났다. 메이저 104경기에 나서서 14홈런으로 시즌을 마감했다.

롯데 자이언츠에 복귀

시애틀과의 계약이 만료된 후 2017년 1월 24일 계약 기간 4년 총액 150억 원에 계약하며 6년 만에 롯데 자이언츠에 복귀했다. 이는 KBO 역대 FA 최고 금액이었다. 복귀한 뒤 강민호에 이어 주장을 맡았다. 2020년 6월 2일 KIA 타이거즈와의 경기에서 팀 최초이자 KBO 역대

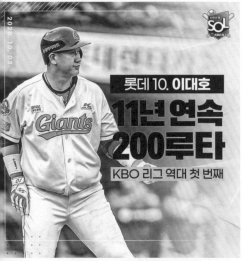

KBO 리그 역대 첫번째 11년 연속 200루타

16번째 통산 3,000루타의 대기록을 세웠다.

2020년 시즌 후 FA 자격을 취득해 2년 총액 26억 원의 조건으로 롯데로 다시 들어갔다. 시즌을 마친 뒤 맺었던 FA 계약 기간이 끝나는 2022년 시즌을 앞두고 그 시즌이 끝나면 현역 무대에서 은퇴하겠다고 밝혔다. 이에 롯데 구단에서는 그동안 이대호의 공로를 인정하여 이대호의 배번 10번을 영구결번하겠다는 뜻을 전했다. 롯데 자이언츠에서는 최동원에 이어 두 번째 영구결번인 동시에 롯데 타자 중에서는 최초의 영구결번 기록이다.

2022년 10월 8일 사직 LG전이 은퇴 경기로 장식되었다. 8회 초에는 투수로 깜짝 등판해 상대 타자로 나온 고우석을 잡아내며 처음이자 마지막 홀드를 챙겼다. 홀드hold는 세이브 규칙을 준수하여 해당 조건을 충족시키고 경기 도중 물러난 구원 투수에게 홀드를 기록하는 것이다. 중간 계투로서의 승리에 공헌한 투수들의 가치를 인정하

자는 시도에서 1986년 메이저리그에서 고안되었고, 일본 프로야구는 1996년부터 퍼시픽리그에서, 2005년부터 센트럴리그에서 채용되었으며 그 뒤로는 규정을 통합해, 공식적으로 인정되는 기록은 2005년 시즌 기록부터이다. 우리나라는 2000년부터 공식 기록으로 인정하고 있다.

롯데가 이날 경기를 3 대 2로 승리하였고, 경기가 끝난 뒤에 그를 위한 성대한 은퇴식을 거행, 홈팬과 원정 팬들의 뜨거운 환대를 받으며 공식적으로 그라운드를 떠났다. 2022 시즌 후 지명타자 부문 골든글러브를 받으며 현역 생활을 마감했다.

2006년 22년 만에 타자 트리플 크라운을 이루었지만, MVP로 선정되지 못했다. 이는 당시 신인 투수 류현진이 돌풍을 불러일으키며 트리플 크라운을 기록했고, 롯데 자이언츠가 계속 최하위권을 벗어나지 못했기 때문이었다. 같은 해 일본에서 맹타를 휘두른 이승엽의 압도적인 타격 기록들이 적잖은 영향을 끼친 탓이기도 했다.

트리플 크라운Triple Crown은 야구에서 지칭하는 기록의 하나로서 타자의 경우 타율+홈런+타점, 3가지 기록에서 타이틀을 차지할 때 인정되며, 투수의 경우 다승+평균자책점+탈삼진에서 타이틀을 차지하면 인정된다. 그러나 탈삼진 부문 타이틀은 1993년이 되어서야 생겼기 때문에 그 이전에는 다승+평균자책점+승률이 트리플 크라운으로 인정되었다.

그는 2007년 4월 21일 사직야구장 개장 이래 최초로 통쾌한 장외홈런을 날렸다. 두 번째 사직야구장 장외 홈런도 그가 2010년 8월 20일에 기록했다.

정대현과의 상대 전적에서 압도적으로 열세였다. 2007년 이후 3년간 정대현에게 19타수 무안타에 그쳤으며, 2010 시즌만 5번 만났으나 단 한 차례도 안타를 치지 못했다. 그런 탓에 정대현에게 '킬러'라는 새로운 별명이 붙었다. 하지만 2011년 플레이오프 1차전에서 그가 정대현에게 복수하듯 안타를 쳐냈다. 이로써 정대현 상대 무안타 기록이 멈춰 섰다.

색다른 기록과 재미난 일화

2008년 베이징올림픽 미국전에서는 투수 브랜던 나이트를 상대로 홈런을 기록했으며, 이후 2009년 한국에 온 브랜던 나이트를 상대로 모두 홈런을 날리며 괴력을 보여 주었다.

그해 벌어진 프로야구 올스타전 홈런 더비에서 장외 홈런을 쳐 냈는데, 그때 야구장 밖에 주차했던 KBS의 천하무적 야구단 멤버였던 김창렬의 매니저의 차가 그의 홈런 타구에 맞고 파손됐다. 행사 후 KIA 타이거즈에서 배상했다.

2009년 영화 〈해운대〉에 장원준과 나란히 깜짝 출연하며 우정을 연출했다. 그해 6월 21일 KIA 타이거즈와의 경기 클리닝 타임 때 한 살 연하의 여자 친구에게 공개 프로포즈를 했고, 그해 크리스마스 다음 날인 12월 26일 결혼식을 올렸다.

2010년 8월에는 4일 김선우를 상대로, 5일엔 임태훈, 6일엔 정재원, 7일엔 안승민, 8일엔 류현진, 11일엔 배영수, 12일엔 안지만, 13일엔 로페즈, 14일엔 김희걸을 상대로 9경기 연속 홈런을 뽑아내며 세계 신기록을 달성했다. 또한, 이 경기에서 16경기 연속 득점으로 한국 신기록을 세웠다.

2011년 한국갤럽에서 실시한 KBO리그 인기 선수 여론 조사에서 그가 13.5%의 응답률로 최고 인기 선수로 뽑히는 행운을 안았다.

다음 해 2012년 4월 21일 NPB 닛폰햄 투수 다케다 마사루를 상대로 솔로 홈런을 쳐 내 일본 진출 17경기 만에 첫 홈런을 터뜨렸다. 그해 11월 4일 KBS 스페셜에서 인터뷰를 하던 중에 "오카다 감독님이 아니었으면 전 경기를 뛸 수 없었고 나를 많이 믿어 주셨기 때문에 그 믿음에 보답을 하고 싶어 열심히 했다. 오카다 아키노부 감독이 경질되자 눈물이 났고 그 뒤로는 볼 수 없었다."라고 말했다. 그는 일본말로 오카다 감독에게 '고멘나사이죄송합니다'이라고 작별 인사를 했다.

박동희 스포츠 칼럼니스트와 인터뷰 중에는 "감독만의 책임이 아니라 선수 우리들에게도 책임이 있다. 오카다 감독을 위해서라도 내년엔 홈런을 더 많이 치고 싶다."라고 포부를 밝혔다.

2014년 10월 26일 열린 NPB 일본 시리즈 2차전에서 솔로 홈런을 날렸다. 그때 그의 소속 팀이었던 후쿠오카 소프트뱅크 호크스는 그의 일본 시리즈 첫 홈런에 힘입어 한신 타이거즈를 1점 차로 제치며 승리했다. 2015년 5월 8일엔 도호쿠 라쿠텐 골든이글스와의 경기에서 솔로 홈런을 날려 한일 통산 300홈런을 기록했다. 2015년 WBSC 프리미어 12 쿠바전에서 상대 투수 페르민을 상대로 홈런을 날렸다.

2016년 3월 28일 그때까지도 스플릿 계약이었던 그가 그날 시애틀 매리너스 제리 디포토 단장의 오피셜로 시애틀 매리너스 최종 25인 로스터에 포함돼 메이저리거로 활약하는 행운을 안았다.

열악한 집안 사정 탓에 부산 대동중학교 시절엔 신종세 감독 집에서 숙식하며 더부살이를 했다. 국가대표 경기에서 4번 타자로 좋은 활약을 보여 '조선의 4번 타자'라고 불렸고, 큰 체격으로 인해 '빅 보이'라는 별명이 붙었다. 그런가 하면 '대'자를 돼지의 '돼'자로 바꿔 '이돼호'라고도 불렸다.

2006년, 2010년~2011년 타격왕, 2006년, 2010년 홈런왕과 타점왕, 2010년~2011년 최다 안타왕과 출루율왕, 2006년~2007년, 2010년 장타율왕, 2010년 득점왕과 MVP, 2006년~2007년, 2010년~2011년, 2017년~2018년 골든글러브, 2005년, 2008년 올스타전 MVP, 2017년 올스타전 우수 타자상, 2022년 골든글러브 지명타자 부문 골든글러브상, 2012년 퍼시픽리그 타점왕, 2012년, 2015년 베스트 나인9과 일본 시리즈 MVP, 2012년 5월·7월, 2014년 6월, 2015년 5월 월간 MVP 등 화려한 기록들을 갖고 있다.

2018 골든글러브

2006년, 2010년 트리플 크라운, 2010년 9경기 연속 홈런 비공식 세계 신기록 달성, 16경기 연속 득점 KBO 신기록 달성, KBO 최초 타격 7관왕 달성, 2021년 한·미·일 통산 2,700 안타 달성, 2022년 10월 8일 대 LG전 경기에서 3-2로 앞선 8회 초 투수로 등판해 생애 처음이자 마지막 홀드 기록도 지녔다.

영화에도 얼굴을 내밀었다. 2009년 '해운대' 특별출연했고, 2009년 '나는 갈매기' 주연을 맡았다. 2010년 KBS 1박 2일 광역시 특집에 특별 출연, 2011년 MBC 황금어장 214회, 215회 무릎팍도사, 2012년 KNN 맛있는 아시아 푸드헌터, KBS 스페셜 '오사카의 거인 이대호'와 김승우의 승승장구 141회에 출연하고, 2015년 MBC 황금어장 라디오스타 407회, 2016년 JTBC 냉장고를 부탁해, 2016년 SBS 꽃놀이패, 2018년 SBS 집사부일체, 2021년 SBS 정글의 법칙, 2022년 SBS 집사부일체 시즌2에도 얼굴을 내밀었다.

그런가 하면 2009년 부산우유, 2009년 세븐일레븐 이대호 빅버거, 2010년 네오위즈게임즈 슬러거 광고 모델로도 등장한 만능 스타다.

'개천에서 용'처럼 솟아오른 스타

1982년 6월 21일 부산직할시에서 태어났다. 어린 시절 그의 삶은 눈물 없이는 듣기 어려울 정도로 매우 어려웠다고 한다. 가난한 할머니가 3세 때 홀로된 손자 대호와 형을 떠맡았다. 아버지는 세상을 떠났고, 어머니는 재가한 때문이다.

대호는 어려운 여건에서도 야구를 하고 싶어했다. 부산 수영팔도시장에서 된장과 깻잎 좌판 장사를 이어가면서 두 손자를 키운 할머니는 손자의 야구 꿈을 뒷바라지했다. 된장과 깻잎을 다 못 팔고 집에 가야 할 때면 "아이고 이를 우짜노. 이거 못 팔면 우리 야구쟁이 손자, 닭 한 마리도 못 사 먹이는데…"라고 안타까워했다.

서로 이심전심으로 마음이 통하는 할머니와 손자였다. 대호는 훈련이 끝나면 유니폼을 입은 채로 할머니에게로 달려가 좌판 리어카를 끌고 집으로 갔다. 할머니는 리어카를 끌고 가는 손자의 뒷모습을 바라보면서 "저 얘가 제대로 커야 하는데…" 그렇게 할머니가 어렵게 번 돈으로 야구용품을 하나둘씩 마련해 주었다. 그때마다 이대호는 할머니 손을 꼭 잡고 "정말 열심히 연습해서 훌륭한 선수가 되겠어요."라면서 야구 꿈을 다졌다. '개천에서 용 난다'는 속담은 바로 이대호에게 꼭 들어맞는 격언인지 모른다.

주어진 환경이 매우 열악한 사람이 위대한 업적을 이루거나 매우 높은 지위에 올라 성공하는 일을 '개천에서 용이 났다'고 일컫는다. 자수성가自手成家도 이와 비슷한 의미가 있다. 이런 속담에 해당하는 인물들은 동서고금 할 것 없이 성공하기에 매우 어려운 조건임에도 불구하고 끝없는 노력으로 성공하여 주위의 인정을 받는다. 주로 가난하여 교육을 제대로 받을 수 없었던 인물들이 스스로 열심히 독학하여 결국에 성공하는 경우에 이 속담이 쓰인다.

오늘날에는 '개천에서 나서 용이 된 인물'은 흔하지 않다. 그만큼 사회와 산업, 경제적 환경이 좋아졌다는 말이다. 특히 요즘에는 금수저 속에서 흙수저가 빛을 낼 때 '개천에서 용 난다'고 말한다.

개천에서 용 나기가 어려워진 시대라고 말하지만, 지금도 여전히 어려운 상황에서도 이를 악물고 노력하여 성공하는 '용'이 드물게 솟아 나온다. '개천에서 용 난다'는 말은 여전히 불가능한 일은 아니다.

입지전적立志傳的인 인물이라는 표현도 있다. '뜻을 세운 사람'은 어려운 환경을 극복하고 입신출세한 사람의 이야기, 그런 사람들의 전기를 의미하는 말이다. 물고기가 거센 물살을 거슬러 올라가면 용이 된다고 하여 등용문登龍門이라는 한다. 실제로 등용문에 오른 사람, 개천에서 용으로 솟아오른 슈퍼스타K, K팝 스타 같은 사례는 면면히 이어질 것이다.

이대호는 부산 수영초등학교 3학년 때부터 야구에 빠져들 듯 몰입했다. 3학년 교실에 어느 날 갑자기 리틀야구 유니폼을 입은 키 작은 전학생이 들어왔다. 그 전학생은 덩치가 큰 이대호의 모습을 보고 놀랐다. 전학생은 방과 후에 리틀야구 팀 감독에게 말했다.

"우리 반에 고등학생이 있어요."

"뭐라고? 지금 당장 데려와!"

감독 지시에 이대호가 야구를 처음 시작하게 된 것이다. 그 감독은 신종세 감독이고, 그 전학생은 풀타임 메이저리거가 된 추신수이고, 이대호는 KBO리그를 대표하는 슬러거가 되었으니, 이대호 인생에 있어서 엄청 중요한 찬스가 다가온 것이다.

이대호가 초등 6학년 때, 수영초등학교 야구팀은 1994년 롯데기 초등학교야구대회에서 우승을 차지했는 데, 그때 수상 내역이 화제가 되었다. '유격수 이대호·타격왕 이승화… 94년 초등야구대회 화제'라는 신문 기사 때문이다.

기량이 빼어났으나 집안 형편이 어려웠던 그를 주목한 신종세 대동중학교 감독은 대호가 초등학교를 졸업할 때 그를 스카우트하여 대동중 유니폼을 입혔다. 2년 6개월간 감독 자택에서 살았다. 대동중 당시 투수는 채태인, 포수는 이대호, 외야수는 장기영이 맡았으며 이

대호와 장기영은 경남고로 진학, 채태인은 부산상고 동문인 아버지
의 뜻으로 부산상고로 진학했다.

　그는 본래 투수 출신이다. 경남고 시절 대한민국 U-18 야구 국가대
표팀에 소집되어 2000년 캐나다 에드먼턴에서 열린 세계청소년 야
구대회에 추신수, 김태균, 정근우 등과 함께 출전했다. 준결승전에서
는 호주를 상대로 결승 솔로포를 때려냈다. 결승전에서는 연장 13회
까지 가는 접전 끝에 우승을 차지하는 데 이바지했다. 추신수, 정근
우, 이대호 등은 같은 부산 출신으로 당시 야구 무대를 휘저었다.

　그 뒤 고3이던 2000년, 대통령배 전국고교 야구대회 1회전에서 류
제국의 덕수상고^{현 덕수정보고}에 2-3으로 패배를 당하면서 4강 꿈이 산
산이 부서졌지만, 패배의 쓴잔은 재기를 다지는 보약이 되었다. 투수
이대호가 1회 3실점 이후 2회부터 무실점 무피안타로 호투했다는 저
력이 새로운 에너지로 충전된 것이다.

　같은 해 여름, 부산에서 열린 화랑대기 전국고교 야구대회에서는
라이벌 부산상고에게 결승전에서 패하는 아픔을 겪었다. 이 대회 결
승은 사직야구장에서 열렸는데, 평일 낮 경기임에도 불구하고 KBS
에서 전국으로 생중계되어 화제를 모았다.

전무후무한 '타격 7관왕' 전설

이대호는 KBO 최초이자 전무후무한 타격 7관왕과 2회의 트리플 크라운을 석권한 야구 스타, 살아 있는 전설의 주인공이다. KBO 원년 구단임에도 40년 역사상 최동원 단 한 명만 영구결번으로 지정했던 역사, 그마저도 팬들의 비판을 이기지 못해 고인이 되고 나서도 한참 후에야 겨우 지정했던 롯데 자이언츠에서 은퇴 전부터 일찌감치 KBO 영구결번 후보로 손꼽혔으니 그야말로 경이로운 전설이 된 것이다.

은퇴식도 치르기 전에 영구결번 발표부터 나간 선수이다. 더구나 수상 경력에서 견줄 사람이 없을 만큼 다양한 수상 기록의 야구 스타인데다가 도루왕과 신인왕을 제외한 타자가 받을 수 있는 모든 상을 모조리 거머쥔 사나이, KBO 역사상 가장 많은 종류의 상을 받은 선수의 기록을 지녔다.

꾸준함으로 누적 클래식 스탯으로도 상당한 기록을 쌓았다. 스탯 STATUS은 '상태'라는 뜻이다. 스포츠에서 경기 결과나 승부에 크게 영향을 미치지 않는 선에서 개인 기록의 향상에 포인트를 둔 선수들의 모습을 두고 팬들은 스탯 관리한다고 말한다. 특히 야구에서는 이 말이 꽤 제한적인 의미로 쓰이는데, 스탯 관리한다고 말할 때의 스탯은 타율만 일컫는 경우가 대부분이다. 타율은 야구계 전반에 걸쳐 가장 널리 알려진 스탯이라서 전문가, 비전문가 가리지 않고 중요하게 보는 스탯이기 때문이다.

개인의 성적과 팀 성적의 괴리가 다른 어떤 스포츠보다도 넓은 야구에서는 개인 기록 중 자신이 타석에 나와서 기록지에 올라가는 것들 중, 팀의 승리에 직결되는 득점 관련 기록이 타점, 홈런, 득점 3가지를 중요하게 여긴다.

'타격 7관왕'과 '2회의 트리플 크라운'을 석권한 이대호의 기록은 대표적 스탯 사례로 꼽힌다. 이대호 이후 가장 돋보이는 단일 시즌의 예시로는 2022년의 삼성 라이온즈의 김헌곤이다. 그는 최형우의 이적 이후 삼성 라이온즈의 주전 외야수를 꿰찼고, WAR도 0점대에서 1점대를 찍고 있으나 WPA는 꾸준하게 음수를 찍는 모습을 보여 주고 있다.

1984년 이만수의 트리플 크라운, 1991년 이정훈의 타격왕 등도 타율 경쟁 상대를 연속 고의사구로 출루시켰다는 점에서 비슷한 케이스이다. 투수로 넘어가면 다승왕이나 승률왕 만들어 주기 논란 등이 있기는 해도, 투수 기록을 스탯 관리라고 부르는 경우는 거의 없다.

커리어 최전성기 5시즌을 해외에서 보냈음에도 불구하고 2022 은퇴 시즌 기준으로 KBO 2,199안타로 통산 역대 5위를 기록했고, 374 홈런으로 역대 3위를 기록했다. 3,664루타로 역대 5위에 랭크되어 있다. 다만 그가 이루어 낸 업적에 비해 WAR 같은 가치 스탯은 좀 부진한 편으로 평가된다. 그런 까닭은 주루와 수비로 까먹은 스탯이 많고, 일본에선 투고타저 시즌에 주로 전성기를 보냈기 때문이다.

그러나 한국인 출신 프로야구 선수로서 장훈에 이어서 통산 두 번째로 많은 안타를 친 선수로 이름을 올렸다. 장훈 3,085 안타NPB, 이대호 2,895 안타KBO, NPB, MLB, 이승엽 2,842 안타KBO, NPB, 박용택 2,508 안타KBO, 김태균 2,376 안타KBO, NPB, 양준혁 2,318 안타KBO 순이 그걸 말해준다.

대한민국 타자로는 최초로 한국, 일본, 미국 3개국의 1군 리그에서 뛰었고, 세 리그에서 모두 두 자릿수 홈런을 기록한 유일한 한국인 타

자이다. 장종훈과 양준혁에 이어
KBO 야수 중 3개의 포지션에서
골든글러브를 수상한 세 번째 선
수이기도 하다. 세계 최초이자 유
일한 9경기 연속 홈런이라는 대
기록도 지녔다. 그의 마지막 시즌
이 될 2022시즌 올스타전 홈런레
이스에서 우승을 차지하며 개인
통산 최다 홈런 레이스 우승과 동
시에 2000년대, 2010년대, 2020
년대에 걸쳐 홈런 레이스 우승을
거머쥔 대기록을 남겼다.

2018 시즌 올스타전 홈런레이스 우승

　이대호를 가장 절묘하게 일컫는 별명은 '조선의 4번 타자'다. 그 별
명은 국제대회에서 총 41경기 출전해 133타수 43안타, 타율 0.323, 7
홈런, 41타점을 기록하며 100타석 이상 출전한 선수 가운데 OPS 1위,
타점 1위, 홈런 2위를 마크했다는 사실에서 더욱 빛났다.

　스탯은 물론, 팬들의 반응도 단연 이대호가 으뜸이다. 트리플 크라
운을 달성한 2006년과 그 기록을 넘어 타격 7관왕을 달성한 2010년
이 그에겐 최고 전성기였다. 따라서 이대호의 전성기는 2006년부터
일본에서의 마지막 시즌을 보낸 2015년까지라고 볼 수 있다. 그 시절
에 쌓은 WAR만 무려 57.18, 그 기록은 2022년까지의 손아섭, 이범호
보다 높고 임창용과 맞먹는 수치이다. 이대호의 한국에서 커리어 하
이 시즌이 KBO의 역대급 투고타저 시즌과 겹쳤던 것을 감안하면 그
가 일본에 가지 않고 국내 팀에서 뛰었다고 해도 그런 정도의 성적을

냈을 것으로 여겨진다.

큰 몸집, 거구에서 뿜어내는 무서운 타력, 그러면서도 제비처럼 유연한 동작, 보기 드문 거포, 한국 프로야구 역사에서 가장 뛰어난 타자로 꼽히는 선수다. 그래서 야구팬이 아니라 해도 이대호의 플레이를 보고 감동하는 사람들이 많다는 점이다. 그 정도로 대외적인 인지도가 높은 야구선수이다.

야구 평론가들은 이대호에게 이런 찬사를 보냈다.

"아주 대단한 타자. 당기고 밀고 필드를 전체적으로 쓰는 선수이다."

"대호는 결점이 거의 없어 보이는 스윙을 구사하고, 기본기가 탄탄해 좋은 스윙을 보여 주는 스타이다."

"이대호는 마음만 먹으면 홈런을 칠 수 있다."

"감독으로서는 꼭 돌아와 줬으면 하는 선수다."

"이대호는 몸쪽 공 대처가 뛰어난 타자다. 야구에 대한 이해도가 높고 전체적인 기량이 매우 뛰어나다. 특히 타격 능력은 대단하다."

"이대호 선수는 한국 프로야구가 배출한 최고의 야구 선수다."

제6장

'불 뿜는 타력'
추신수 스토리

———

- 8세 때 야구 첫발
- 특급 투수가 강타자로 변신
- 괴력의 타력으로 팀 구출
- 자유계약 선수로 기량 떨쳐
- 모든 경기서 1번 타자로 활약
- 아시아 최초 사이클링 히트 세워
- '가을 잔치'서 홈런 날린 '가을 남자'
- '추추 트레인' 별명

제 4 장
'불 뿜는 타력' 추신수 스토리

8세 때 야구 첫발

추신수 선수는 현재 KBO 리그 SSG 랜더스에서 뛰고 있는 한국의 아들이다. 부산에서 태어나 아버지와 외삼촌의 영향으로 8세 때부터 야구를 시작하였다.

추신수의 아버지는 아마추어 복싱과 수영 선수를 지낸 추소민이고, 외삼촌은 전 롯데 자이언츠의 2루수를 거쳐 코치를 역임한 박정태이며, 동생은 배우 추민기본명: 추신영이다. 그는 하원미와 결혼하여 2남 1녀를 두고 있다.

이대호와는 부산 수영초등학교 동기이다. 부산고등학교 시절에는 좌완 파이어볼러로 고교 야구계에서 유망 투수로 이름을 떨쳤다. 고교 시절 최고 구속은 145km 정도로 고교생 투수로는 최고 수준이었다. 이는 당시 고교 야구와 왼손잡이 투수들 가운데서는 대단한 투구력이었다.

2000년에는 청소년야구 국가대표팀으로 출전하여 매우 인상적인 활약을 펼치면서 관심을 끌었다. 이때 활약으로 메이저리그 팀 시애틀 매리너스는 추신수를 영입하기 위해 KBO에 신분 조회를 요청할 정도였다.

롯데 자이언츠로부터 1차 지명되어 계약금 4억 2,000만 원을 제시받았으나 계약 조건에 이견을 보이면서 그는 입단을 거부했다. 결국, 협상이 완전히 결렬되고 지명권을 포기했다.

그 뒤 실시한 국외파 특별 지명에서 1순위로 SK 와이번스에 영구 지명되었다. 따라서 추신수는 한국 프로야구에 진출할 경우 SK와이번스에 입단해야 하는 조건이 붙었다. 그때 시애틀 매리너스 스카우터로 우리나라에 와 있었던 이재우 전 OB 감독과 매리너스 입단에 대해 구두 계약을 하게 되었다. 2000년 캐나다에서 열린 세계 청소년 야구 대회에서는 이대호, 이동현 등과 함께 맹활약을 펼치고 우승을 차지하는 데 큰 기여를 하였다.

추신수는 이 대회에서 투수로 출전해 18이닝을 던져 32탈삼진 5실점의 뛰어난 성적으로 대회 MVP를 거머쥐었다.

결승전이 끝난 뒤 2000년 8월 14일 계약금 135만 달러의 조건으로 시애틀 매리너스에 입단했다. 메이저리그에 진출한다고 했을 때 추신수는 투수로 계약한 줄 알았지만 뜻밖에도 타자였다. 시애틀에서는 추신수의 5툴 플레이어로서의 가능성을 높이 샀기 때문에 타자를 권유하였다.

특급 투수가 강타자로 변신

추신수는 시애틀 매리너스에 들어간 뒤 투수 대신에 타자로 변신하였다. 2001년부터 시애틀 매리너스 산하 마이너리그 팀에서 타자로 뛰었다.

매년 마이너리그에서 좋은 성적을 거두며 잠재력을 보여줬지만, 시애틀 구단에서는 좀처럼 그에게 찬스를 주지 않았다. 2005년 4월 21일 처음 메이저리그로 올라가 데뷔하였지만, 주로 대타 수비나 대타 주자로 출전하였다. 2006년 시즌 중반에 메이저리그로 다시 승격되었다. 원래 수비 위치가 우익수이고 수비에서도 좋은 모습을 보였지만 새로 받은 위치는 스즈키 이치로가 주전을 차지하고 있었기 때문에 신인 추신수는 대부분 중견수 백업으로 출전하였다.

그래서 추신수는 15타수 1안타라는 극도의 타격 부진을 겪고 말았다. 그 뒤 7월 27일 클리블랜드 인디언스의 1루 내야수로 활약하는 벤 브루사드와 맞트레이드 되어 클리블랜드 인디언스로 팀을 옮겼다. 클리블랜드 인디언스로 이적한 이후 타력에 불이 붙으면서 두각

클리블랜드 인디언스 경기 중 추신수

을 드러내기 시작하였다. 이적 다음 날인 7월 29일 먼저 몸을 담았던 소속 팀 시애틀과의 홈경기에서 시애틀 에이스 펠릭스 에르난데스의 직구를 통쾌하게 받아쳐 솔로 홈런을 날렸다. 이는 1대 0으로 승부를 짓는 결승 솔로 홈런이 되었다. 한 방으로 승부를 가르면서 시애틀의 기를 꺾어놓았다.

보스턴 레드삭스와의 원정 경기에서는 6회 만루 상황에서 조시 베켓의 첫 공을 힘차게 받아치면서 장쾌한 만루 홈런을 터뜨렸다. 시카고 화이트삭스와의 경기에서도 3번 타자로 나가 역시 만루 홈런을 날렸다. 이렇게 타력이 불을 뿜으면서 클리블랜드 이적 후 타율 0.297, 3홈런, 22타점을 기록하며 강타자로서의 가능성을 드러냈다.

2007년 시즌 초반 클리블랜드는 베테랑 타자인 트롯 닉슨과 데이비드 델루치를 영입하였는데, 이들은 추신수와 같은 왼손잡이 타자이면서 외야 수비가 가능하였다. 그 때문에 유망주인 추신수에게는 마운드에 들어서는 출장 기회가 줄어드는 요소로 이어졌다.

오비이락이라고 추신수는 팔꿈치 부상으로 토미 존 수술을 하는 바람에 마운드에 서지 못한 채 시즌을 마감하였다.

다음 해인 2008년 시즌 초반 부상자 명단에 올라 있다가 5월 31일 캔자스시티 로열스와의 원정 경기 때 복귀하며 주전 우익수로 시즌을 열어나갔다. 초반에는 부상 후유증으로 인해 2할 4~5푼대의 저조한 타율을 기록하여 부진에서 벗어나지 못했으나 지속적으로 마운드에 들어서면서 타선이 살아났다. 그러면서 기복이 없는 타격 능력을 보여 주기 시작한 것이다.

그러다가 시즌 중반부터는 타격에 다시 불이 붙으면서 재능이 폭죽처럼 터졌다. 8월 한 달간 출루율 4할, 장타율 6할로 크게 올라섰다. 9월 12일 48타점을 기록하여 최희섭이 가지고 있던 종전 한국인 타자 시즌 타점 기록을 갈아치웠다.

9월 20일 87개째 안타를 쳐내며, 2004년 최희섭이 가지고 있던 한국인 메이저리그 한 시즌 최다 안타 기록 86개를 사뿐히 넘어섰다.

이러한 활약으로 추신수는 샤프에서 시상하는 아메리칸 리그 9월의 선수로 선정되었고, 소속 팀 클리블랜드 인디언스에서 가장 기대를 거는 선수로 떠올랐다.

괴력의 타력으로 팀 구출

아시안게임과 베이징올림픽에 출전할 국가대표를 선발할 때의 일화이다.

2006년 도하 아시안게임 때는 김재박 감독이 그를 두고 "검증되지 않았다."라고 언급하며 국가대표 선수 선발 명단에서 제외하여 선수 선발 기준에 대한 논란을 일으켰다. 어쨌거나 도하 아시안게임 본선에 진출한 대표팀은 사회인 야구단 출신으로 구성된 일본에 패하며 동메달을 획득하는 데 그쳤다.

그러나 2008년 베이징올림픽에서는 예비 명단에 추신수를 포함시켰다. 하지만 메이저리그 사무국이 추신수의 올림픽 출전을 허가하지 않았다. 2009년 월드 베이스볼 클래식WBC에 참가하여 준결승과 결승전에서 2경기 연속 홈런을 쳐 내면서 대한민국이 준우승을 차지하는 데 기여하였다.

그러나 안타깝게도 2006년 대회와 달리 2009 월드 베이스볼 클래식에서는 병역특례가 부여되지 않는 것으로 결정되어 병역 문제가 해결되지 못했다. 2009년 월드 베이스볼 클래식은 국방부에서 병역 특례를 주지 않겠다고 결정했기 때문이다. 그러다가 2010년 아시안 게임 때에는 국가대표로 선발되어 우승하면 병역 혜택을 받을 수 있게 되었다. 이에 따라 KBO에서는 2010년 11월 개막되는 광저우 아시안게임 대표팀 엔트리에 추신수를 포함시키겠다고 밝혔다.

결국, 추신수는 2010년 아시안게임에 출전하여 5경기에서 타율 0.571, 3홈런, 11타점, 2도루로 맹활약을 하였다.

이에 힘입어 대한민국 야구 국가대표팀이 금메달을 차지하는 영광을 안았고, 추신수는 병역특례를 적용받게 되면서 메이저리그에서 계속해서 활동할 수 있는 길이 열렸다. 병역 문제가 해결된 추신수는 레귤러 시즌 때 메이저리그에서 처음으로 풀타임으로 출전하였고 팀의 중심 타자로 완전히 자리를 잡았다.

소속 팀 클리블랜드 인디언스는 시즌 내내 부진에서 벗어나지 못했다. 그러나 추신수는 고군분투하며 동양인 메이저리그 타자 최초로 20-20을 달성하는 기록을 세웠다. 그런 가운데서도 추신수는 소속 팀의 중심 타자들인 그레디 사이즈모어, 트래비스 해프너, 빅토르 마르티네즈 같은 타자들이 부상과 부진으로 경기에 결장하는 위기 속에서 4번 타자로 출장하며 존재감을 떨쳤다.

추신수는 이처럼 맹활약을 펼치면서 타율 3할에 20홈런, 86타점으로 시즌을 마쳤다. 그가 2009년 터뜨린 홈런 20개는 종전에 최희섭이 가지고 있던 한국인 메이저리그 한 시즌 최다 홈런 15개를 훌쩍 뛰어넘는 기록이어서 매우 의미가 깊은 한 해를 엮어냈다.

특히 그는 2009년 아메리칸리그에서 타율 3할과 20-20을 동시에 달성한 유일한 선수로 떠올랐다.

2010년에 들어와서는 타격 능력과 주루 능력이 더욱 돋보였다. 시즌 초부터 3경기 연속 안타를 기록하면서 야구 방망이가 불방망이로 변하고 타격에 힘이 붙었다. 5월 한때 상승세가 주춤하는 듯했으나 클리블랜드 팀의 핵심 타자로 거듭났다.

9월 2일 시애틀과의 경기에서는 역전 투런 홈런을 포함하여 5타점을 기록하면서 팀을 4연패 늪에서 구출해 냈다. 9월 18일 캔자스시티와의 경기에서는 3연타석 홈런까지 쏟아냈다. 그 뒤 경기에서는 20홈런, 20도루를 기록하며 아메리칸리그에서 2시즌 연속 3할, 20-20 클럽 달성에 성공한 유일한 선수로 기량을 뽐냈다. 이와 함께 출루율도 불이 붙어 4할 1리라는 상당히 높은 기록을 세웠다.

추신수가 상대한 구단 중에서 2010년에 소속 팀이 가장 좋은 성적을 뽑아낸 구단은 캔자스시티 로열스로 나타났다. 이 때문에 추신수는 '캔자스시티 킬러'라는 별명도 얻었다.

그는 캔자스시티 로열스를 상대로 타율 0.377를 기록했고, 출루율은 0.488, 장타율은 0.638을 기록한 것이다. 그뿐만이 아니다. 신시내티 레즈에도 강한 편이었다. 추신수는 신시내티를 상대로 3할 1푼의 타율을 기록하였다. 반대로 2010년 추신수를 가장 잘 막은 팀은 미네소타로 밝혀졌다.

2008년 9월 첫 번째 수상 후 정확히 7년 뒤 다시 한 번 '9월 폭발'의 기염을 토한 추신수는 28경기에 출전해 104타수 42안타, 5홈런, 20타점, 26득점을 기록했다. 이로써 아메리칸리그 1위를 차지했다.

한편, 콜로라도 로키스 3루수 놀란 아레나도는 내셔널리그의 이달의 선수가 됐다. 아레나도는 9월과 10월 32경기에서 타율 0.336, 12홈런, 35타점을 기록했다. '불방망이 타자'로 유명한 추신수는 생애 두 번째 '이달의 선수'로 관록을 세웠다.

2015년 9월 '불방망이'를 휘두르며 텍사스 레인저스와의 경기도 우승을 거머쥔 그는 개인 통산 두 번째 '이달의 선수'에 선정되는 행운을 안았다. 메이저리그 사무국은 9월 6일 9월에만 타율 0.404, 출루율 0.515를 기록하며 텍사스의 아메리칸리그 서부 지구 우승을 이끈 추신수를 '이달의 선수'로 선정했다고 밝혔다.

추신수가 '이달의 선수'로 선정된 것은 클리블랜드 인디언스 유니폼을 입고 활약한 지난 2008년 9월 이후 두 번째이다. 그때 추신수는 타율 0.400, 홈런 5개, 24타점을 올리며 출루율 0.464, 장타율 0.659 등 OPS 1.123을 기록해 첫 번째 '이달의 선수'에 선정되었고, 이번에 두 번째로 '이달의 선수'로 뽑힌 것이다.

자유계약 선수로 기량 떨쳐

인디언스는 2011년 초에 추신수에게 5년 계약에 4,500만 달러의 연봉을 제시했다. 그러나 추신수 에이전트인 보라스는 자유계약 선수를 염두에 두고 인디언스의 장기 계약 제의에 대해 정중하게 거부 의사를 밝혔다. 그때 추신수는 2012년이 되면 메이저 등록일수 3년을 성실하게 채워 연봉 조정 자격을 얻을 수 있기 때문이다. 그래서 인디언스의 5년 계약 제의에 따르지 않고 397만 5,000달러의 1년 계약을 하게 되었다.

정규 시즌에서는 6월 데드볼을 맞아 왼손 엄지손가락이 골절되는 부상을 당했다. 바로 수술을 받아 다행히 복귀하였다. 그러나 옆구리 통증이 계속되면서 타석에 계속 들어서지 못하고 결장하는 날이 많은 가운데 시즌을 마감하였다. 부상에 대한 후유증 우려가 있었지만 많이 회복되었고, 155경기에 출전하면서 기록도 상당히 향상되었다.

추신수는 시즌이 끝난 뒤 자유계약 선수 자격을 1년 앞두게 되었다. 상황이 이렇게 되자 다급해진 클리블랜드는 트레이드 전략을 세웠다. 12월 12일 드디어 일이 벌어졌다. 클리블랜드 인디언스, 신시내티 레즈, 애리조나 다이아몬드백스 3개 구단이 참여한 가운데 '3각 트레이드'를 진행한 것이다. 이를 통해 추신수는 내셔널리그 중부 팀 신시내티 레즈로 이적하게 되었다. 따라서 메이저리그 진출 초기부터 몸담았던 아메리칸리그에서 내셔널리그로 옮겼다. 등번호는 17번을 그대로 사용하는 조건이었다.

클리블랜드는 신시내티로부터 외야수 드류 스텁스와 현금 350만 달러를 받았고, 애리조나로부터 투수 유망주인 트레버 바우어와 우완 불펜 투수 브라이언 쇼, 맷 앨버스 등 4명을 받았다. 신시내티는 클리블랜드로부터 추신수와 내야수 제이슨 도날드를 영입하였다. 이로써 추신수는 새로운 힘을 얻어 기량을 뽐내는 스타로 떠올랐다.

애리조나는 신시내티에서 유격수 유망주 디디 그레고리우스를 받았고, 클리블랜드에서 좌완 불펜 투수 토니 십과 1루수 유망주 라스 앤더슨을 입단시켰다.

모든 경기서 1번 타자로 활약

추신수는 2013년 선발 출장한 모든 경기에서 1번 타자로 기용되어 눈부시게 뛰었다. 수비에서는 다소 불안한 모습을 보였지만, 타격에서는 개인 통산 3번째 20-20을 달성하였다. 출루율도 0.423을 기록하며 굉장히 좋은 활약을 펼쳤다.

와일드카드 결정 경기에서는 피츠버그 파이리츠의 토니 왓슨을 상대로 통쾌한 홈런을 터뜨려 한국인 최초로 포스트 시즌 홈런을 뽑아내는 기록을 세웠다. 그때 추신수가 이적한 내셔널리그에는 류현진의 소속 팀인 로스앤젤레스 다저스가 있어서 한국인 선수들이 투수와 타자로 대결할 것으로 예상되어 관심이 모아졌다.

이와 함께 밀워키 브루어스에는 일본인 아오키 노리치카도 있어서 한-일 간 1번 타자의 맞대결도 관심거리로 떠올랐다.

2013년 연말 자유계약이 이루어졌다. 이에 따라 12월 22일 텍사스 레인저스와 7년 총액 1억 3,000만 달러에 계약하였다. 추신수가 텍사스와 계약한 7년간 총액 1억 3,000만 달러는 우리 돈으로 약 1,379억 원이다. 엄청난 액수로 계약한 것이다. 이처럼 기념비적인 계약을 맺자 추신수에게 "야구를 하라."라고 권유했던 외삼촌 박정태는 "대단하고 대견하고 멋진 조카"라고 칭찬하였다. 그는 롯데 자이언츠 선수

텍사스 레인저스에 입단하는 추신수

와 코치 출신의 야구인이다.

이로써 추신수는 박찬호에 이어 텍사스 레인저스에 진출한 두 번째 한국인 고액 연봉 선수로 이름을 올렸다. 추신수의 계약 규모는 일본의 스즈키 이치로가 시애틀과 5년 9,000만 달러로 계약한 금액을 훨씬 뛰어넘는 고액이었다. 이 때문에 추신수의 연봉은 당시 아시아 야구 역사상 최고의 금액으로 기록되었다.

메이저리그를 통틀어 역대 27위이고, 외야수로는 역대 6위에 해당하는 특급 대우를 받은 것이다. 텍사스와 계약한 추신수는 일본인 투수 다르빗슈 유와 한 팀이 되어 대한민국과 일본에서도 상당한 관심 인물로 떠올랐다.

2014년 초반에는 좋은 활약을 보이며 상쾌한 출발을 하였지만, 팔꿈치 부상과 발목 부상이 완쾌되지 않은 상황에서 그라운드를 누비다 보니 후유증이 심하게 따라붙었다.

그리하여 6월부터 타격과 수비 모두 극심한 슬럼프에 빠지기 시작하였다. 성적은 곤두박질치며 떨어졌고, 드디어는 9월에 팔꿈치와 발목 수술을 받는 등 불운이 겹쳤다. 이로써 시즌을 조기에 마감하고 말았다.

아시아 최초 사이클링 히트 세워

2015년 7월 22일 추신수는 미국 콜로라도 주 덴버의 쿠어스 필드에서 열린 콜로라도 로키스와 방문 경기에서 7번 타자 우익수로 선발 출전하였다.

이 경기에서 단타1루타, 2루타, 3루타, 홈런을 모두 쳐내며 사이클링 히트를 기록했다. 이 기록은 미국 메이저리그에서 아시아 출신 선수로는 처음 세운 것이다.

미국 프로야구에서 특급 외야수로 이름을 떨친 추신수가 자신의 이름을 내건 자선재단을 만들고 꿈나무 육성과 다문화 가정 및 불우 아동 돕기 행사를 전개하고 있다. 그는 2011년 미국 캘리포니아 주 로스앤젤레스에 본사를 둔 한국계 은행과 손잡고 '추 파운데이션'이라는 자선재단을 만들었다.

메이저리그에서는 최저 연봉인 46만 1,000달러를 받던 추신수는 2010년 타율 0.300, 홈런 22개, 도루 22개라는 인상적인 성적을 올리면서 2011년에 연봉이 크게 뛰어올라 무려 397만 5,000달러에 클리블랜드 인디언스와 재계약을 맺었다. 그는 처음으로 연봉 100만 달러를 넘어서는 스타가 되자마자 팬들로부터 받아온 사랑과 격려에 보답하고 사회에 돌려주고자 자신의 이름을 내걸고 자선재단을 만든 것이다.

특히 그는 홈런 1개나 도루 1개를 이룩할 때마다 1,000달러씩 적립해 자선 활동에 적극적으로 나선다는 약속을 하고, 이를 지켜가고자 노력하고 있다. 나누는 기쁨을 몸소 실천하는 추신수는 텍사스와 7년간 1억 3,000만 달러(한화 약 1,377억 원)라는 엄청난 고액 연봉을 따내며 미국 진출 13년 만에 '아메리칸 드림'을 이루어낸 슈퍼스타이다.

'가을 잔치'서 홈런 날린 '가을 남자'

추신수는 생애 두 번째 맞이한 포스트 시즌 무대인 2015 '가을 야구' 최종 마지막 날 3회 솔로 홈런을 날리면서 화려하게 마감하고, 그라운드의 '가을 남자'로 우뚝 섰다. 그는 포스트 시즌 디비전 시리즈의 5전 3승제의 5차전 경기에서 상대 토론토 블루제이스와의 경기에 멋진 플레이를 보여주었다.

이에 앞서 미국 텍사스 주 알링턴의 글로브 라이프 파크에서 열린 아메리칸리그 디비전 시리즈 4차전에서는 2번 타자 우익수로 출전, 벤추리의 158km 강속구를 밀어내며 4타수 3안타 2득점을 기록하였다. 이 경기에서 추신수는 첫 3안타 스트라이크로 공략하고 타율을 0.77에서 0.235로 끌어올렸다.

이로써 생애 첫 디비전 시리즈 타점과 함께 홈런을 터뜨렸다. 시즌 최종 성적은 149경기 출전, 타율 0.276, 홈런 23개, 타점 82개, 득점 94개를 기록하였다.

추신수는 포스트 시즌 3안타에 대해 "볼을 잘 고르고 스트라이크만 공략했기에 좋은 결과가 나왔다."라고 말했다.

홈구장인 텍사스 주 알링턴의 글로브 라이프 파크에서 열린 인터뷰에서 가을 잔치에 임하는 포부를 밝힌 가운데 그는 고국 팬들에게 이런 말로 인사를 대신 전했다.

"포스트 시즌 무대는 오랫동안 기다려 왔다. 가을 잔치는 팬들과 더불어 기쁨을 함께 하는 자리이다. 그런 만큼 나의 모든 기량을 퍼부었다."

포스트 시즌 출전과 더불어 전날 메이저리그 사무국의 아메리칸리그 '9월의 선수'에 뽑혀 겹경사를 맞이하였다.

추신수는 "기대하지도 않았는데 전날 지인으로부터 먼저 수상 소식과 함께 축하의 인사를 받았다. 그에게 진실로 감사하다는 마음을 전했다. 나에게 수상 소식을 전해주는 그의 마음에 따뜻함을 느끼면서 내년 시즌에는 더욱 열심히 해야겠다는 생각이 들었다."라고 말했다.

포스트 시즌 출전에 사활을 건 소속 팀을 위해 열정을 바쳐 최선을 다하면서 도움을 주려고 했던 일인데 개인 성적까지 올라 기쁨이 두 배로 껑충 뛰었다며 기쁨을 감추지 못했다.

그는 "수상을 명예로 생각한다. 처음에는 올해 정규 리그를 잘해야겠다는 생각으로 열심히 뛰었다. 그런데 이렇게 좋은 성적으로 마무리할지 정말 몰랐다. 나 자신도 놀랍고, 정말 야구는 끝날 때까지 끝난 게 아니라는 사실을 또 한 번 깨달았다."라고 덧붙였다.

인디언스에서 뛰던 2008년에 이어 7년 만에 '9월의 선수'로 선정된 것에 대하여 추신수는 "나는 어렸을 적부터 시작보다 마무리가 중요하다는 말을 수없이 들으면서 자랐다. 모든 일은 마지막에 가서 결과가 나타난다. 나는 시즌을 마감하는 과정에서 좋은 기억을 팬들에게 선사하는 선수가 되려고 노력해왔다."라고 털어놓았다.

그러면서도 "아마도 나의 성姓이 가을 추秋라서 가을의 사나이가 된 것 같아 더 기쁘다. 이런 일은 팬들의 뜨거운 후원과 격려의 덕이다."라며 환하게 웃었다.

추신수는 토론토도 좋은 팀이지만, 역경을 극복한 텍사스도 만만치 않은 팀이라고 칭찬하였다. 그는 "좋은 투수진을 거느린 토론토가 훌륭한 팀인 것은 분명하나 우리도 여기까지 쉽게 온 게 아니다. 감독과 코칭스태프, 그리고 팀 동료들이 한마음으로 똘똘 뭉쳐 게임을 펼쳐온 결과이다. 우리 팀은 늘 최고가 되자며 시즌 초반부터 땀을 쏟아왔다."라고 스스로 진단하고 평가했다.

그는 "최고가 아닌 상태에서 우리는 바닥부터 아메리칸리그 서부 지구 우승까지 일구어낸 불도저 같은 팀이다. 그런 덕분에 감동도 크고, 무엇인가를 성취해내야 한다는 책임감이 앞섰다. 어떤 어려움을 만나도 불굴의 강한 의지로 능히 헤쳐 나아갈 힘을 기르면서 극복해 왔다."라고 지난날들을 밝혔다.

추신수는 "포스트 시즌이라 더욱 마음을 가다듬고 대결 성적이 나쁘지 않기에 다른 투수들보다는 자신감이 생겼다. 프라이스가 매우 좋은 투수이지만, 야구라는 게 어떻게 될지 아무도 모르기에 경기 때마다 정말로 최선을 다하였다. 마운드에 들어서는 선수들은 모두 그런 각오로 뛴다. 상대 팀에도 여러 변수가 있다."라고 분석하였다.

디비전 시리즈 1~2차전이 열린 캐나다 토론토의 로저스 센터는 인조잔디가 깔린 다목적 돔구장이다. 그래서 추신수는 "인조잔디여서 타구가 다른 구장보다 빠르다는 것 말고는 큰 차이가 없다."라고 밝혔다.

그는 2013년 신시내티 레즈에서 처음으로 경험한 포스트 시즌의 와일드카드 단판 승부에서 홈런을 터뜨린 선수이다.

추신수는 지금껏 27개 구장에서 홈런을 쳤지만, 로저스 센터에서는 대포를 터뜨리지 못했다.

'추추 트레인' 별명

추신수를 미국 팬들은 "추추 트레인"이라고 부르고, 경기 때마다 응원 구호로 "Go Choo!"를 연호한다.

그의 성씨인 '추'가 마치 기차가 달리는 소리와 같다 하여 '추추 트레인'이라는 애칭을 붙여준 것이다.

그는 부산고등학교 시절에 야구부를 이끌었던 조성옥 감독을 은사로 모신다. 그런 안연으로 은사의 아들인 조찬희를 에이전트로 맞이하기도 했다.

청주에서 연예인들의 천하무적 야구단과 충주 성심학교와의 친선 경기가 열렸을 때 추신수는 성심학교의 1일 감독으로 초대를 받아 성심학교 야구팀을 지휘, 천하무적 야구단에 10대 9로 역전승을 따내는데 이바지하였다.

2010년 아시안게임을 앞두고 동생 추민기는 기자와의 인터뷰를 통해 "형 앞에서 군대 이야기를 하면 안 된다. 형은 복잡한 생각 안 하고 오로지 대표팀의 일원으로서 필승을 거두겠다는 마음을 가지고 최선을 다하기 때문"이라고 말해, 형제 간의 깊은 우애를 자랑하였다.

추신수는 이대호와 함께 방송에 출연하여 야구 입문 동기에 대한 비화를 밝혔는데 "그때 야구를 하기 위해 야구부가 있는 수영초등학교로 전학을 갔다. 바로 뒷자리에 있는 이대호를 보고 덩치가 고등학생 같다는 첫인상을 받았다."라고 털어놓았다.

추신수는 감독에게 "우리 학교에 고등학생이 있습니다."라고 말하였는데, 감독이 "그 학생 바로 데려오라고 하여 이대호랑 야구부에 들어갔다."라고 덧붙였다.

이렇게 하여 추신수와 이대호가 야구 인생의 길을 함께 걷게 된 것이다. 그 뒤 추신수는 부산고로, 이대호는 경남고로 진학하면서 서로 고교 라이벌이 되었다.

제7장

'괴물 투수'
류현진 스토리

제 7 장
'괴물 투수' 류현진 스토리

메이저리그로 직행한 스타

류현진은 미국 LA 다저스 소속 투수이다. 한국 프로야구에서 메이저리그로 직행한 최초의 한국인 선수로 유명하다.

그의 페이스는 '코리안 특급' 박찬호의 전성기인 2000년 같은 시기에 비해 뒤지지 않고 압도적인 선수라는 찬사를 받았다. 그런 찬사는 류현진이 LA 다저스 스타디움에서 열린 LA 에인절스와의 메이저리그 경기에서 9이닝 동안 단 2개의 안타를 내주며 무사사구 완봉승을 기록했다는 데서 나온 말이다.

그는 이 경기에서 11경기만의 완봉승이자 6승을 올렸다. 2006년 6월 3일 박찬호가 완봉승, 6이닝 강우 콜드게임을 따낸 이후 7년 만에 메이저리그에 나온 한국인 투수의 완봉승 기록이다.

그래서 자연스럽게 역대 메이저리그에 진출한 한국 투수 가운데 최고의 성적을 낸 박찬호의 전성기 시절에 견주면서 그를 관심 있게 지켜보는 것이다.

야구계는 LA 다저스의 류현진 선수 영입과 박찬호 선수의 은퇴로 뜨겁게 달아올랐다. 한화 이글스에서 가장 많은 주목을 받으며 멋진 활약을 해준 그들의 공통점은 바로 메이저리그 LA 다저스의 선택을 받았다는 것이다.

그렇다면 다저스도 반한 이들의 매력은 무엇일까?

지난 2006년 한화에서 데뷔해 7시즌을 뛴 류현진 선수는 우리나라 사상 처음으로 포스팅 시스템을 통해 메이저리그에 진출한 선수라 이슈의 중심이 되었다.

한화는 다저스로부터 이적료에 해당하는 포스팅 비용 약 280억 원을 챙겼고, 류현진 선수는 6년 동안 총 3,600만 달러약 390억 원의 연봉을 받는 대형 스타가 된 것이다.

'진기록의 사나이' 류현진은 인천 동산고등학교를 졸업하고 2006년 한화 이글스에 2차 지명으로 입단했다. 그러나 등장 시즌부터 인상적인 활약을 한 그는 4월 23일 첫 완투승까지 거두면서 4월의 MVP로 선정되는 행운을 안았다.

그의 활약은 여기서 그치지 않고, 다승, 방어율, 탈삼진 1위에 신인왕, 투수 부문 골든 글러브, 신인 선수상 대상까지 모두 거머쥐었다. 데뷔 첫해부터 전무후무한 수많은 기록을 세우며 신인이라고 하기에는 믿기 힘든 뛰어난 활동을 보여주었다.

이어 2007년 2년차 역대 최고 연봉을 기록하였고, 2년 연속 200이닝과 탈삼진 왕을 달성하였다. 2008년 역시 최고 연봉을 기록하며 베이징 올림픽 국가대표로 참가해 금메달을 따내는 데 기여하였다.

통산 500탈삼진이라는 기록까지 세운 그는 이렇게 놀라운 활약을 이어 가면서 SK 와이번스의 김광현, LG 트윈스의 봉중근과 함께 한국 프로야구 3대 왼손잡이 에이스로 꼽히며 위상을 높여나갔다.

2009년 역시 월드 베이스볼 클래식 국가대표로 발탁되었고, 한국 시리즈에서는 통산 60승을 기록하면서 한국 프로야구 최다 탈삼진을 뽑아냈다. 괴물 투수에 걸맞게 불멸의 진기록들을 쏟아냈다.

시즌 초반 연속 강판을 당하기도 하고, 개인 최다 실점도 기록하면서 커다란 슬럼프에 빠지기도 하였다. 하지만 다시 회복세를 보이며 6년 연속 10승을 달성하고, 시즌 6번째 퀄리티 스타트도 달성하면서 화려하게 부활하는 모습을 보여주었다. LA 다저스에서 류현진이 떠오르기 전에 '코리안 특급' 박찬호 선수가 먼저 화려한 무대를 엮어냈다. 그 무대를 류현진이 물려받은 셈이다.

보기 드문 좌투수 우타자

류현진은 좀처럼 볼 수 없는 좌투수 우타자이다. 왼손잡이 투수요, 오른손잡이 강타자라는 말이다.

인천 창영초등학교 시절 "야구가 멋지게 보여 야구를 시작했다."는 류현진은 경인 지역의 야구 명문인 인천 동산중학교에 입학하면서 본격적으로 야구를 익혔다. 동산중학 야구부의 경기를 관전한 야구계 인사들은 류현진이 수비 때는 오른손에 글러브를 끼고 왼손으로 공을 던지더니 공격 때에는 오른쪽 타석에 들어서는 것을 보고 "신기하다."라며 그를 지켜보았다.

동산고 1학년 때인 2003년에 제1회 미추홀기 전국 고교 야구 대회에 출전하여 예선 3경기를 치렀다. 이때 평균자책 0.00점을 기록하며 동산고등학교가 준우승을 차지하는 데 기여하였다.

동산고 2학년 초인 2004년에는 팔꿈치 부상으로 토미 존 수술을 받아 1년 동안 재활 훈련을 하였다. 3학년인 2005년에는 중·고 야구 선수권대회로 이름난 제60회 청룡기 전국고교야구 선수권대회 8강전에서 서울 강호인 성남고등학교와 맞섰다. 이 경기에서는 삼진 17개를 잡으면서 완봉승을 거두어 고교 야구의 샛별로 떠올랐다.

1966년 이후 39년 만에 동산고등학교의 6번째 청룡기 우승을 일구어 내며 우수 투수상을 수상했다. 이때 그의 기록은 53과 3분의 2이닝 동안 6승 1패 방어율 1.54이었다.

2006년 한국 프로야구 신인 선수 지명회의에서 당시 SK 와이번스의 연고지인 인천, 경기, 강원 지역의 거물급 꿈나무 빅3으로 동산고등학교 투수 류현진, 인천고등학교 포수 이재원, 인천고등학교 투수 김성훈을 꼽았다.

이들 3명 가운데 류현진이 가장 뛰어났기에 당연히 인천광역시 연고 팀 SK 와이번스가 1차 지명에서 류현진을 선택할 것으로 모두가 예측하였다. 그러나 SK 와이번스는 인천고등학교 포수 이재원을 선택했다. 뜻밖의 선택이었다. 그때 SK 와이번스가 포수 자원을 필요로 했고 1년 뒤 SK 와이번스가 연고권을 가진 안산공고 좌완 투수 김광현을 안전하게 선택할 수 있다는 치밀한 계산 때문이었다.

류현진이 동산고등학교 시절 토미 존 수술을 받은 전력이 있기 때문에 다른 구단에서 그를 지명을 하지 않을 것이라는 생각도 포함된 것이다. 2차 1라운드 지명에서 전체 4순위 지명권을 가진 SK 와이번스가 류현진을 충분히 잡을 수 있을 것이라고 판단하고 있었다.

그리하여 류현진은 2차 지명으로 넘어가게 되었다. 2차 지명에서 전체 1순위 지명권을 가진 구단은 롯데 자이언츠였기에 류현진이 롯

한화 이글스 경기 중 류현진

데 자이언츠에 입단할 것으로 예상하는 사람들이 대부분이었다. 하지만 예상은 빗나갔다. 롯데 자이언츠는 나승현을 지명했고, 전체 2순위 지명권을 가진 한화 이글스가 류현진을 지명한 것이다. 이는 한화 이글스 신인 드래프트 역사상 최고의 스카우트로 여겨진 일이다. 그래서 SK 와이번스는 전체 4순위 지명에서 빅3 중 남은 한 명인 김성훈을 지명하게 되었다.

마운드의 '괴물 투수'로 명성

류현진은 프로야구계에서는 '괴물'로 유명하다. 타자를 압도하는 피칭으로 국내에서는 '괴물'로 불리고, 미국에서는 '코리안 몬스터'라고 불린다. 이는 한국에서 온 괴물이라는 뜻이다. 육중한 몸매로 '류뚱'이라는 별명도 가지고 있다. 그 자신도 방송을 통해 메이저리그

야구 팬들이 '류뚱'이나 '코리안 몬스터'로 불러주기를 바란다고 말해 폭소를 자아냈다.

그는 중-고 시절 등번호는 15번을 달고 뛰었다. 등번호에 대한 사연이 많다. 한화 이글스에 입단한 뒤에도 15번을 달고 싶어했다.

그런데 한화 이글스에서 오랜 기간 활동했던 투수 구대성이 미국 메이저리그 뉴욕 메츠에서 한화 이글스로 복귀하는 바람에 류현진의 등번호가 바뀌었다. 구대성의 등번호가 15번이었기 때문이다. 그래서 별생각 없이 99번으로 바꾸었다. 그 뒤에 소속 팀의 1999년 한국 시리즈 우승의 재현을 위해 99번을 고수하겠다는 뜻을 밝혔으나 뜻을 이루지 못했다.

2006년 프로야구 데뷔 첫해 데뷔하자마자 최다 승리, 최다 탈삼진, 평균자책 1위로 투수 3관왕에 오르며 기염을 토했다. 이로써 한국 프로야구 사상 최초로 신인왕과 최우수 선수상을 동시에 차지하였다.

신인이라고 하기에는 너무나 뛰어난 활약으로 3관왕을 차지하자 '괴물'이라는 별명을 얻었다. 데뷔 첫해 한국 시리즈에도 등판하였다. 뛰어난 활약을 바탕으로 2006년 아시안게임 국가대표팀에 선출되는 행운도 안았다.

프로야구계에서는 "류현진이 너무 튄다."라며 2007년에는 2년 차 징크스를 우려하는 사람이 많았다. 하지만 보란 듯이 17승을 거두고 2년 연속 최다 탈삼진 타이틀을 거머쥐는 등 여전히 압도적인 투구력을 자랑하였다.

"괴물은 건재하다!"

야구계는 그에게 아낌없는 찬사를 보냈다.

2008년 베이징 올림픽 국가대표로 참가해 예선전인 캐나다와의 경기와 결승전인 쿠바와의 대결전에 선발 투수로 등판했다.

캐나다와의 예선전에서는 완봉승을 거두고, 결승전에서는 7과 3분의 1이닝을 던져 2승 0패, 평균 자책 1.04, 탈삼진 13개의 뛰어난 성적으로 금메달 획득에 기여하였다. 이로써 병역특례자가 되어 병역도 산뜻하게 마무리하였다.

2009년 월드 베이스볼 클래식 대한민국 국가대표팀으로 참가했다. 그해 3월 6일 벌어진 아시아 라운드 첫 경기 대만과의 경기에 선발 투수로 나가 3이닝을 1안타, 3탈삼진, 무실점으로 호투하며 승리를 거두었다. 류현진은 이 대회에서 주로 중간 계투로 출전해 1승 0패, 방어율 2.57을 기록하며 WBC 준우승을 이끌어내는 주역이 되었다.

2010년 정규 리그에서도 승승장구 강속구의 구력을 자랑하며 투수 부문 트리플 크라운이 유력할 정도로 압도적인 시즌을 보냈지만 시즌 막판에 부상을 당하며 아쉬움을 삼켰다.

결국 구원 투수로 1승을 추가한 김광현에게 다승왕을 내주며 2관왕에 머물렀다. 그렇지만 〈스포츠토토〉 올해의 투수상을 비롯하여 여러 곳으로부터 최고 투수상, 골든 글러브상, 최다 탈삼진상, 최우수 평균자책점상, 한 경기 정규 이닝 최다 탈삼진상 등 수많은 상을 휩쓸면서 '괴물'의 주가는 하늘로 치솟았다.

이렇게 하여 한국 프로야구 최고의 투수임을 만천하에 보여주었다. 2010년 광저우 아시안게임 국가대표로도 출전하였다. 여기서 대만과의 결승전 때 선발 투수로 등판해 철벽 마운드를 구축하고 금메달을 차지하는 데 크게 공헌하였다. 2011년 개인 통산 1,000탈삼진을 달성하는 괴력을 엮어냈다. 하지만 부상으로 시즌 도중에 물러나 앉아 있어야 하는 괴로운 공백기도 있었다.

시련 극복하고 거액 연봉

류현진은 2012년 한 해를 매우 불운하게 보냈다. 한화 이글스 타자들이 심각할 정도로 부진을 겪는 가운데 야수들마저 형편없는 수비로 모든 선수가 엄청난 질타를 받았다.

오직 류현진만이 절벽 위에 외롭게 서서 독야청청한 소나무처럼 고군분투하였다. 그는 10승을 향해 등판한 시즌 마지막 경기에서도 홀로 10이닝을 책임지며 1실점으로 강속구를 뿌려댔다.

그런 노력을 쏟았음에도 불구하고 류현진은 시즌 9승 9패로 두자릿수 승리에 실패하고 데뷔 이래 처음으로 10승 고지를 눈앞에 두고도 오르지 못하였다.

그러나 소속 팀이 최하위를 벗어나지 못하고 전전긍긍하는 힘든 상황임에도 불구하고 여러 메이저리그 구단 관계자들이 그의 스카우트를 겨냥하면서 류현진의 선발 투수 경기를 보기 위해 경기장을 방문하는 이변이 이어졌다.

비록 류현진은 10승은 달성하지 못했지만 6년 만에 200 삼진 아웃을 엮어내는 탈삼진왕이 되었다. 이는 한국 프로야구에서는 이미 세상을 떠난 최동원 선수가 생전에 기록한 시즌 200탈삼진과, 선동열 선수가 이룩한 시즌 200탈삼진 이상을 다시 이룩하는 대기록 스타로 떠올랐다.

시즌을 마친 뒤에는 구단의 동의를 얻어 포스팅 시스템으로 메이저리그 진출을 탐색하였다. 그렇게 탐색을 편 끝에 2012년 11월 9일 메이저리그 포스팅 시스템 기간이 종료된 뒤 2,573만 7,737달러 33센트라는 거액의 제시를 받았다. 이는 우리 돈으로 약 279억 8,978

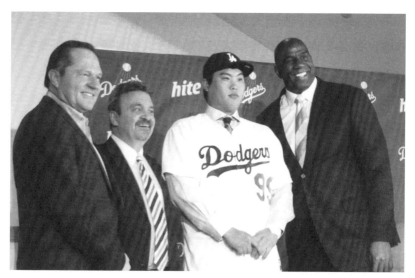

로스앤젤레스 다저스에 입단하는 류현진

만 원이라는 금액이다. 이때 최고 금액 입찰 팀은 로스앤젤레스 다저스로 밝혀졌다. 그해 12월 10일 로스앤젤레스 다저스와의 협상 끝에 계약 기간을 6년으로, 총액 3,600만 달러, 한화로 약 390억 원을 받는 조건으로 계약을 체결하였다. 말할 수 없는 온갖 시련을 이겨낸 끝에 거액 연봉 투수로 등장한 것이다.

2013년 로스앤젤레스 다저스로 들어간 류현진은 메이저리그 데뷔 첫해 14승 8패 평균자책점 3.00이라는 좋은 기록을 올리면서 성공적으로 시즌을 보냈다. 특히 내셔널리그 챔피언 결정전 3차전에서는 7이닝을 3안타 무실점으로 막아내며 한국 선수로는 최초로 포스트 시즌 승리 투수의 영광을 안았다.

한국 프로야구에서 메이저리그로 직행한 최초의 한국인 선수라는 특수성을 지닌 류현진의 진가는 더욱 빛났다. 그 때문에 전 국민적으로 엄청난 관심을 받으면서 굉장히 높은 인기를 누리는 스타 선수가 되었다.

더구나 류현진이 선발 투수로 등판한 모든 경기가 MBC 공중파로 생중계되었고, 시청률도 상당히 높았다. 그런 류현진은 시즌이 끝나고 잠시 귀국한 후에도 그의 인기를 증명이라도 하듯 수많은 CF를 찍었는데, CF 수익만 대략 40억 원대에 이른 것으로 알려졌다.

류현진의 연봉은 2006년 2,000만 원에 계약금 2억 5,000만 원으로 시작하여, 2007년 1억 원, 2008년 1억 8,000만 원, 2009년 2억 4,000만 원, 2010년 2억 7,000만 원, 2011년 4억 원, 2012년 4억 3,000만 원이었다. 그리고 2013년 보장 250만 달러, 옵션 포함 350만 달러, 2014년 보장 350만 달러, 옵션 포함 450만 달러, 2015년 보장 400만 달러, 옵션 포함 500만 달러, 2016년 보장 700만 달러, 옵션 포함 800만 달러로 늘어났다.

왼손잡이 투수의 위력

야구 스타 류현진의 특징은 공을 던질 때의 제구력, 공의 위력, 운영 능력, 체력을 모두 갖춘 선발 투수라는 점이다. 직구를 던질 때의 평균 구속은 145km 정도이다. 최고 구속은 2007년 8월 31일 잠실야구장 LG전에서 기록한 154km로 나왔다.

동산고교 시절에는 커브와 직구가 주 무기였는데 프로 무대로 들어선 첫해 현대 유니콘스를 상대로 청주야구장에서 난타를 당하는 아픔을 겪었다. 그 뒤에 구대성 선수에게 개인 과외까지 받았다. 류현진이 구대성으로부터 배운 과외 학습은 주로 서클 체인지업이다. 이는 직구를 던질 때와 같은 투구 폼에다가 팔 스윙도 빠르게 하는 것이었다. 그 때문에 타자들이 속기 쉬워 류현진의 대표 구종으로 자리를 잡았다.

메이저리그에서도 류현진의 체인지업은 높은 평가를 받았다. 2013년 메이저리그 감독들이 선정한 부문별 조사에서 류현진의 체인지업이 내셔널리그 2위로 오를 만큼 관심이 높았다. 2007년에는 한용덕 코치와 함께 슬라이더 구종을 새로 개발하는데 힘썼다.

이렇게 한 결과 130km 초반의 슬라이더를 추가하면서 투구에 더욱 탄력이 붙었다. 그는 왼손잡이 좌투수이지만 공을 던질 때 외에는 모두 오른손잡이로 생활하는 것이 매우 특이하다. 이런 선수는 야구 선수 중에서 좀처럼 찾아보기 어려운 일이다. 그래서 공을 던질 때에는 왼손을 쓰지만, 타석에서 공격할 때는 오른손으로 야구 방망이를 휘두른다.

투수로서도 특급 실력을 지녔을 뿐 아니라 타자로서의 재능도 워낙 뛰어나서 동산고교 시절에는 에이스 겸 4번 강타자로 활약했다.

2013년 갤럽조사에서 한국인이 좋아하는 스포츠 스타 1위에 선정될 정도로 인기가 매우 많았다.

그는 '류현진 재단'을 운영하여 여러 곳에 기부 활동을 하고 있다. 2014년 4월 세월호 침몰 사고 때에 희생자들을 위해 1억 원을 기부하였고, 클럽하우스 라커에 세월호 생존자 구출을 기원하는 표현물을 설치하여 관심을 보였다.

통증에 시달리며 투구 전념

류현진은 2014년 시즌 초반 어깨 부상으로 엄청난 통증에 시달렸다. 15일 동안 부상자 명단에 들어가 경기를 치르지 못했다.

하지만 복귀 이후 '투수의 무덤'이라고 불리는 쿠어스 필드에서 콜로라도 록키스한테 승리를 거두면서 저력을 발휘하였다. 이를 악물고 오기로 강속구를 던지면서 승수를 한 점 한 점씩 쌓아나갔다.

이때부터 로스앤젤레스 다저스는 류현진, 클레이튼 커쇼, 잭 그레인키를 필두로 연승 행진을 거듭하였다. 샌프란시스코 자이언츠에게 빼앗겼던 NL 서부 지구 1위를 되찾고 승차를 벌려나갔다.

하지만 류현진은 8월 14일 애틀랜타 브레이브스와의 경기에서 엉덩이 부상을 당하며 다시 부상자 명단에 올랐다. 이로 인해 15일 동안 마운드에 들어설 수 없었다.

9월 1일 샌디에이고 파드리스와의 복귀전에서 7이닝 4안타 7삼진 1실점으로 시즌 14승을 거두었다. 그로부터 2주가 지난 뒤 샌프란시스코와의 경기에 등판하여 1이닝 5안타 1탈삼진 4실점으로 메이저리그에 데뷔한 이래 최악의 투구를 기록하고 말았다.

이 최악의 사태는 3번 타자 버스터 포지와 상대하던 중에 어깨 통증이 재발하면서 일어난 것이었다. 하늘이 도왔는지 통증으로 끝나 다행이었다. 디비전 시리즈에서는 카디널스를 상대로 6이닝 1실점으로 호투했지만 다저스는 1승 3패로 탈락하며 시즌을 마쳤다.

2015년 시범경기 도중 어깨에 통증을 또 느꼈다. 그래서 정밀검진을 받았는데 그 결과 특별한 사항이 나오지 않았다. 그런데도 통증과 투구력의 저하 현상은 계속되었다. 그로 인해 60일 결장이라는 통보를 받았다. 결국, 그해 5월 22일 어깨 수술을 받고 병상에 눕는 처지가 되었다.

국가대표 시절의 성적

류현진은 국가대표 선수로도 눈부신 활동을 펼쳤다. 2006년 도하 아시안게임 때는 두 경기에 출전하여 6.1이닝, 7실점을 기록했고, 2007년 아시아 선수권 예선전 때는 대만과의 경기에 선발 투수로 등판하여 5이닝, 4안타, 4탈삼진, 2실점으로 승리 투수가 되었다.

2008년 베이징올림픽 때는 캐나다와의 예선에서 선발 투수로 나가 9이닝, 피안타 5개, 무실점, 6탈삼진, 볼넷 3개를 거두며 완봉승과 함께 승리 투수에 올랐다. 또 결승전 쿠바와의 경기에서는 선발 투수로 등판하여 8과 3분의 1이닝, 2실점을 기록하고 승리 투수로 이름을 올리고 올림픽 금메달을 차지하였다.

2009년 월드 베이스볼 클래식 1라운드 대만과의 경기에서는 선발 투수로 나가 3이닝, 1안타, 무실점, 3탈삼진으로 28대 5로 대승을 거두고 승리 투수가 되었다. 2009년 3월 16일 본선 멕시코와의 경기에서는 선발 투수로 등판하여 2와 3분의 2이닝, 5안타, 2실점, 3탈삼진, 볼넷 1개를 기록하고 승리 투수로 올랐다.

2010년 광저우 아시안게임 예선 대만과의 경기 때는 6이닝, 1실점으로 승리 투수로 명성을 떨치면서 금메달을 목에 걸었다.

그의 주요 기록은 KBO에서 12경기로 최소 경기 시즌 100탈삼진, 19세 2개월의 최연소 시즌 100탈삼진 기록, 153경기 최소 경기 통산 1,000탈삼진 기록, 만 24세 2개월의 최연소 통산 1,000탈삼진 기록, 한 경기 정규 이닝 최다 탈삼진 17개, 신인 데뷔 전 탈삼진 타이기록 10탈삼진, 신인 시즌 최다승 타이기록 18승, 20세로 최연소 시즌 200이닝과 최연소 시즌 200탈삼진, 한국 프로야구 최초 신인왕과 MVP

동시 수상, 29경기 연속 퀄리티 스타트 비공식 세계신기록 달성 등 무척 다양하다.

'류현진 야구장'의 꿈

미국 LA 다저스에서 '코리아 몬스터'로 명성을 떨치고 있는 류현진은 야구 꿈나무 육성과 스포츠 발전을 위해 인천에 '류현진 야구장'을 건립하기로 했다. 이를 위해 인천광역시와 류현진 선수 협약식을 2013년 11월 26일 갖고 야구장 건설과 재단 설립의 내용을 담은 협약서에 서명했다. '류현진 야구장'은 인천시 남동구 수산동 아시안게임 럭비 경기장 주변 체육공원 그린벨트 8만 3,828㎡에 정규 야구장 2면, 리틀야구장 1면을 조성한다는 것이다.

이와 함께 '류현진 거리'도 만든다. 인천 동구는 그의 모교인 동산고와 동구의 문화 콘텐츠를 융합한 관광 자원을 마련하기 위해 '류현진 거리'를 조성할 계획이다. 류현진 거리는 박문 사거리에서 송림 오거리까지 1.4km 구간에 꾸며진다. 동구는 이미 사업비 10억 5,000만 원을 배정해 놓았다. 류현진 거리는 야구장 가는 길, 야구장 이야기 길, 꿈이 커가는 길 등 6개 테마별 거리로 꾸며진다. 류현진 기념품 전시 및 야구 관련 조형물, 류현진 성장 과정 벽화, 이정표, 화단, 벤치, 체험장 등이 들어서고 그의 친필 사인과 유니폼, 야구공 등도 전시된다.

이런 일들은 '류현진 재단'이 설립된 뒤에 본격적으로 추진될 예정이다. 인천시는 부지를 임대하며 야구장 조성과 이후 관리 및 운영 등은 모두 류현진 재단이 맡는 조건이다.

제8장

'최연소 안타왕'
이정후 스토리

———

- 부자父子 야구 스타의 혈맥
- 넥센 & 키움 히어로즈 시절
- KBO 신인 최다 안타 기록
- 사이클링 히트의 절묘한 묘기
- 국가대표의 화려한 경력
- 세계 최초의 부자父子 MVP 수상
- '야구 손자'의 야구 인생

제8장
'최연소 안타왕' 이정후 스토리

부자父子 야구 스타의 혈맥

이정후는 한국야구위원회KBO리그 키움 히어로즈의 외야수이다. 아버지가 KBO리그 KIA 타이거즈의 내야수 겸 외야수로 활약한 선수이자, 현재 KBO리그 LG 트윈스의 주루 코치인 이종범 씨로, 부자父子가 야구 스타의 혈맥을 이어가는 선수이다. 여기에 더하여 매제는 KBO리그 LG 트윈스의 투수인 고우석 선수이고, 고종 사촌고모의 아들형은 KBO리그 NC 다이노스의 내야수인 윤형준, 이름하여 '야구 선수 집안'이다.

그는 아버지가 현역 선수 시절에 활약하던 일본 아이치현 나고야시에서 1998년 8월 20일 태어났고, 3세 때인 2001년 하반기에 아버지가 귀국하여 해태팀으로 복귀하게 되면서 광주광역시에서 자랐다.

그는 말했다.

"야구 선수인 아버지 덕분에 야구를 즐기면서 자랐다. 환경 자체가 너무나도 자연스럽고, 장난감 대신 배트와 야구공을 가지고 놀았다.

나도 크면 당연히 야구 선수가 될 것이라는 꿈을 키워왔다. 그런 이유로 남보다 더 일찍 야구를 시작하고 싶었지만, 다른 길로 가길 바란 아버지의 반대로 좌타자로 바꾸면서까지 초등학교 3학년부터 야구를 시작했다."

그는 아버지의 야구 센스와 타격 감각을 그대로 물려받았지만 리틀 야구 시절에는 '이종범의 아들'이라는 수식어에 가려 객관적인 평가를 받지 못했다. 그러다가 광주 살레시오초등학교에서 야구부가 있는 광주 서석초등학교로 전학을 갔다. 여기서 야구 수업을 본격적으로 받았다.

2010년 제7회 리틀 야구대회에서 팀을 우승으로 이끌고 MVP를 차지, 꿈나무로서의 자질을 인정받고 광주 무등중으로 진학해 야구부에 들어갔다. 2013년 6월 당시 한화 이글스의 수석코치 김성한은 중학생이던 그를 보고 입에 침이 마를 정도로 칭찬을 아끼지 않았다.

"저 아이가 물건이다! 초등학교 때 야구를 하는 걸 봤는데 바깥쪽으로 빠지는 볼을 밀어서 파울 커트를 쳐내더라. 또 몸쪽으로 들어오는 공을 날렵하게 잡아당기더라. 발도 무척 빠르다. 도루도 참 잘하더라. 앞으로 아버지보다 더 잘할 것 같다. 지켜봐라."

그는 무등중학교 2학년 말 아버지의 현역 은퇴를 기점으로 가족들이 주거지를 서울로 옮기면서 휘문중학교로 전학해 야구를 계속했고, 휘문고등학교에 진학하여 1학년 때부터 주전 자리를 꿰차며 여러 경기에 출전했다.

타율 0.330을 기록하였고, 중견수로 활동하며 봉황대기 결승에서 2안타와 타점을 기록하며 우승을 이끌었다. 고1 때는 선배 김주성에 가려 여러 포지션을 돌았지만 2학년 때는 더욱 성장해 톱타자로 나서서 무려 타율 0.520을 기록하는 등 1차 지명 후보로 일찌감치 떠올랐다.

고2 때부터는 본격적으로 아버지의 뒤를 이어 유격수로 뛴 그는 고3 초에는 4번 타자를 맡으며 타격 폼도 바꾸고 유격수로 전향했다. 하지만 수비에서 실책을 자주 범하고 전반기에 손가락 부상까지 겹쳐 부진했다. 중반부터 타력이 살아나며 4할대 타율을 기록했고 봉황대기에선 톱타자로 4할대 후반의 맹타를 기록하며 휘문고가 우승을 차지하는 데 큰 공을 세웠다.

청소년 대표로 꾸준히 뽑힌 그는 6할대의 높은 타율과 최다 타점을 기록하는 등 청소년 선수들 가운데서는 유일하게 청소년 대표 올스타 TOP 10에 들었으며, 고교를 대표하는 최고의 야수 가운데 하나로 꼽혔다. 그는 나고야에서 태어나 광주에서 어린 유년기를 보냈지만, 서울에서 중학교와 고등학교를 졸업하여 서울권 선수로 분류되어, 2017년 신인 드래프트를 앞두고 1차 지명을 받아 KBO리그 역대 최초 1차 지명으로 프로에 입성한 부자父子가 되었다. 그해 7월 5일에 계약금 2억 원에 입단 계약을 체결하고 프로 무대로 들어섰다.

넥센 & 키움 히어로즈 시절

2017년 신인 드래프트 지명 당시 감독이었던 염경엽은 "퓨처스리그부터 시작한다."라고 못을 박았지만, 장정석 감독이 부임하면서 일본 가고시마 마무리 캠프, 미국 애리조나 전지훈련에 참여하며 기량을 다듬었다.

퓨처스리그는 KBO리그의 2군 리그를 말한다. 1990년 시즌부터 시작했으며, 2010년부터 2군 리그에서 현재의 이름으로 변경되어 사용하고 있다. 2007년에 처음으로 열린 2군 올스타전의 이름을 '퓨처스 올스타전'이라 했고 2010년에 리그 명칭을 공식적으로 퓨처스리그라고 명명했다.

미국 메이저리그의 하위 리그인 마이너리그, 일본 프로야구의 하위 리그인 일본 프로야구 2군 리그와 비슷한 성격인데, 다만 메이저리그 구단과 마이너리그 구단은 별개의 구단으로, 마이너리그 구단은 계약을 통해서 2군 팜 역할을 한다는 점에서 대한민국의 퓨처스리그는 일본의 2군 리그 형태에 더 가깝다.

참가 팀이 1군보다 더 많고 전국 원정의 부담이 있기 때문에 1군 리그와 달리 미국이나 일본처럼 각 팀의 연고지를 기준으로 2개 리그로 팀을 나눠 진행하며 일부만 인터리그로 진행한다는 점이 다르다. 2016시즌 기준으로 각 팀은 총 96경기, 동일 리그 팀과 12경기, 인터그 팀과 6경기씩을 펼친다.

퓨처스리그 경기는 주로 낮 경기로 열린다. 9회까지 진행되고 9회까지 승부를 가리지 못하면 연장전 없이 무승부로 처리한다. 1군과 달리, 우천순연 등으로 경기가 많이 취소된 경우 스케줄에 관계없이 더블헤더 경기도 진행하기 때문에 선수들의 부담이 크다.

그는 고교 시절부터 너무 마른 체격 때문에 "프로에 적응하려면 오래 걸릴 것"이라는 말을 들었고, 또 내야 수비에서 송구 트라우마로 인해 외야수로 전향해야 한다는 평가를 듣기도 했다. 타격을 살리라는 코치진의 권유로 주 포지션이었던 유격수에서 외야수로 위치를 바꾸었다. 시즌 전의 연습 경기와 시범경기에서 예정된 모든 경기에 출장해 타율 0.455_{33타수 15안타, 4타점, 5득점, 1도루}를 기록하며 2타석이 부족한 장외 타격왕에 올랐다.

개막 전부터 신인왕 1순위로 꼽히며 연일 화제를 몰고 다닌 그는 팬 설문조사에서도 각 팀 선수들이 뽑은 신인왕 1순위와 기자들이 뽑은 신인왕 1순위를 모두 거머쥐었다. 2017년 개막전 엔트리에 이름을 올렸고, 중견수로도 출전했다.

3월 31일 LG 트윈스와의 개막전에서 교체 출전해 데뷔 첫 경기를 치렀다. 4월 4일 롯데 자이언츠 경기에선 첫 타석에서 데뷔 첫 안타를 터뜨렸다. 4월 8일 두산 베어스전에서 데뷔 첫 홈런을 날리면서 연속 홈런을 기록했다. 두 홈런 모두 변화구를 공략하여 잠실 외야 펜스 너머로 날려 보내는 장타 홈런 축포였다.

KBO 올스타전에서는 팬 투표 84만 8,625표, 선수단 투표 117표를 얻어 총점 39.91점으로 나눔 올스타 외야수로 선발되는 행운을 누렸다.

KBO 신인 최다 안타 기록

8월 10일 삼성 라이온즈전에서 83경기 만에 시즌 세 자릿수 안타를 기록하는 저력을 발휘했다. 또 두산 베어스전에서 마이클 보우덴을 상대로 시즌 134번째 안타를 엮어냈다. 9월 5일 kt wiz전에서 심재민을 상대로 시즌 158안타를 기록하며 23년 만에 KBO 리그 역대 신인 최다 안타 기록을 갱신하며 주가를 높였다.

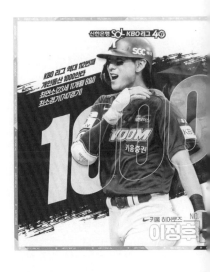

그는 이날 경기에 대해 감격의 일성을 터뜨렸다.

"첫 안타의 기억이 아직도 생생한데 이런 기록을 세우게 돼 개인적으로 너무 기쁘고 영광이다. 팀이 승리하는 날에 나왔다면 더 좋았을 텐데… 신인으로만 세울 수 있는 기록이라 의미가 큰 것 같다."

각종 신인 관련 기록을 쏟아낸 그는 10월 3일 삼성 라이온즈와의 시즌 최종전에 출전하며 고졸 신인 최초로 모든 경기 출장 기록도 세웠다. 시즌 3할대의 타율, 179안타 2홈런, 47타점, 12도루, 111득점을 올렸고, 시즌 내내 흔들림 없는 활약을 펼치며 타격 11위, 득점 3위, 최다 안타 공동 3위를 기록했다. 시즌 후 8,300만 원이 인상된 1억 1,000만 원에 계약했다.

KBO 시상식 프로야구 기자단 투표에서 유효 투표수 107표 가운데 98표로 1위에 올라 총 503점을 기록하며 압도적인 결과로 신인왕을 차지하는 영광을 안았다.

톱타자 및 우익수로 기용된 그는 손가락 부상으로 1군의 미국 전지훈련에서 제외됐지만, 뒤늦게 대만으로 출국해 몸 상태를 다지면서 컨디션을 끌어올렸다. 이때 등번호를 '51번'으로 바꾸었다. 부상에서 100% 회복된 그는 3월 27일 LG 트윈스 경기부터 1번 타순으로 전진 배치됐다. 4월 1일 삼성 라이온즈전에서 1회 도루 중 검지손가락을 다치는 바람에 이틀 뒤에 열린 kt 위즈전에는 빠져, 데뷔 첫 결장 기록을 남겼다. 다음 날 고척 스카이돔에서 개인 첫 홈런을 기록했다. 올스타전에는 18세 10개월 7일로 KBO리그 올스타전 최연소 베스트 출전 기록을 바꿔놓았다. 2018년 아시안게임 최종 엔트리에 들 것으로 예상됐으나 대표팀 외야수에 좌타자가 많다는 이유로 발탁되지 못해 논란이 됐다.

그러나 야구 국가대표팀 최종 엔트리에 추가 선발돼 금메달을 획득하면서 병역 특례를 받았다. 시즌 타율 3위를 기록했다. 데뷔 첫 포스트 시즌에 진출, 한화 이글스와의 준플레이오프 2차전에서 수비 도중 어깨 관절 부상을 당해 이후 스프링 캠프에 참가하지 못했다. 연봉 계약 협상에서는 2억 3,000만 원을 받으면서 3년 차 최고 연봉을 기록했다.

2019년 시즌 초반에는 테이블 세터로 나서다가 후반기에 주로 3번 및 좌익수로 뛰었다. 어깨 수술을 받아 빠르게 회복해 시즌 개막전 출전을 서둘렀다. 시즌 초반 출발이 좋지 않았지만 타격감을 끌어올려 전반기 타율 팀 내 1위, 전체 7위를 기록했다. 8월 22일 KIA 타이거즈전에서 만 21세 2일로 역대 최연소, 최소 경기369경기 통산 500안타를 달성했다.

플레이오프에서 5할대 타율, 한국 시리즈에서 4할대 타율을 기록했다. 9월에는 25타수 14안타, 3타점, 타율 0.560으로 시즌 타율 2위를 기록했다.

2020년 시즌 개막전에 처음으로 선발 출장했다. 6월에는 타율 0.379, 7홈런, 33타점, OPS 1.077을 기록했다. SK 와이번스전에서 개인 최다 홈런 기록을 세웠다. 7월 14일 NC 다이노스전에선 이재학을 상대로 데뷔 4년 만에 시즌 두 자릿수 홈런을 날렸다. 10월 16일 두산 베어스전에서 역대 48번째 2루타이자 KBO리그 역대 최다 2루타를 기록했다. 시즌 140경기에 출전해 3할대 타율, 101타점, 181안타 15홈런, 출루율 0.391, 장타율 0.524, OPS 0.921을 기록하면서, 연봉도 3억 9,000만 원에서 41%가 인상된 5억 5,000만 원으로 껑충 뛰었다.

사이클링 히트의 절묘한 묘기

2021년엔 전반기 79경기에 출장해 타율 0.346, 102안타3홈런, 53타점, OPS 0.947을 기록했고, 5월엔 타율 0.451, 37안타, 출루율 0.525, 21득점, 장타율 0.695를 기록해 데뷔 첫 월간 MVP로 뽑혔다. 6월 20일 NC 다이노스전에서 역대 최연소만 22세 10개월 및 최소 경기597경기 통산 800안타를 달성했다.

2020년 하계올림픽에 출전했다. 10월 15일 삼성 라이온즈전에서 역대 최연소만 23세 1개월 25일 5년 연속 150안타를 달성하고, 열흘 뒤에 한화 이글스전에서 역대 29번째 사이클링 히트를 달성했다. 사이클링 히트란 한 명의 타자가 한 경기에서 단타, 2루타, 3루타, 홈런을 모두 쳐내는 것을 말한다.

그의 기록 행진은 멈춤 없이 줄기차게 이어졌다. 2022년 4월 17일의 두산 베어스전에서 역대 최연소 및 최소 경기 통산 900안타를 기록했다. 4월 19일의 SSG 랜더스전에선 역대 3,000타석 이상 들어선 타자들 가운데 통산 타율 1위0.339로 등극했고, 6월 12일 KIA 타이거즈전에서는 연타석 홈런을 달성. 6회 초에는 생애 최초 만루 홈런을 날려, 단일 경기 개인 최다 타점인 7타점을 올렸다. 6월에 타율 0.392, 38안타, 출루율 0.496, 장타율 0.691, OPS 1.186으로 월간 MVP에 오르는 기쁨을 누렸다.

7월 2일의 한화 이글스전에서 KBO리그 역대 60번째 6년 연속 100안타라는 위업을 세웠고, 종전 이승엽23세 11개월 9일이 보유하고 있던 기록을 23세 10개월 12일로 앞당겼다. 올스타전에는 나눔 올스타 외야수 부문 베스트12로 선정되어 통산 5번째로 선발 출전했다.

7월 28일, 역대 최연소 및 최소 경기 통산 1,000안타를 날렸다. 9월 6일 삼성 라이온즈전에서 나가 데뷔 첫 20홈런과 동시에 KBO리그 역대 최초 6년 연속 150안타라는 대기록을 달성하며 그라운드를 뜨겁게 달구었다.

10월 10일 정규 시즌 때는 단 두 경기만을 남겨놓은 가운데 타율, 안타, 타점, 출루율과 장타율 등 타격 5관왕을 거머쥐었다. KBO 역대 네 번째 2년 연속 타격왕과 함께 KBO 역대 두 번째 타격 5관왕도 달성했다.

이렇게 최고 시즌을 보낸 그는 KBO 시상식 때 기자단 투표에서 유효 107표 중 104표를 얻으며 6시즌 만에 생애 처음으로 MVP의 영예를 누리는 행운을 안았다.

국가대표의 화려한 경력

그는 휘문중·고등학교 시절부터 꾸준히 청소년 대표로 발탁돼 열심히 활약했다. 2016년 제11회 18세 이하 아시아 청소년 선수권 대회에서는 중견수, 1루수로 뛰었다.

2017년 10월 10일 APBC 야구 대표팀 최종 엔트리에도 이름을 올렸다. 이때 아버지가 국가대표팀의 외야·주루 코치로 선임되며 야구 사상 처음으로 부자父子가 국가대표팀에서 활동하는 진기록을 세웠다.

이 대회에서 3경기에 출전해 한국의 결승행을 이끌었다. 일본과의 예선 1차전에서 2타점 2루타를 날렸고, 11월 17일 대만과의 예선 2차전에서 선발 천관위를 상대로 결승 1타점 3루타를 치면서 한국의 결승행을 이끌었다.

2018년 8월 13일 아시안게임 야구 대표팀 최종 엔트리에 발탁됐다. 처음에는 엔트리에서 탈락되었으나 극적으로 합류했다. 이 대회에서 총 6경기에 출전해 금메달을 따내는 데 크게 이바지를 했다. 결승전을 포함해 전 경기에 출장해 타율 0.417 24타수 10안타, 2홈런, 6타점, 6득점을 기록했고, 병역 특례를 받았다.

2019년 10월 2일 WBSC 프리미어 12 야구 대표팀 최종 엔트리 명단에도 들었다. 이 대회에서는 8경기에 출전해 타율 0.385 26타수 10안타, 4타점, 5득점를 기록했다. 한국은 준우승에 그쳤지만 그는 대회 베스트 11에 선정되는 기쁨을 누렸다.

2020년 6월 16일 도쿄올림픽 야구 대표팀 최종 엔트리에 합류하여 7경기에 출전해 타율 0.242 29타수 7안타, 1홈런, 3타점, 3득점를 기록했다.

야구팬들이 붙여 준 그들 부자父子의 별명도 색다르다. 아버지 이종범을 '바람의 아들'이라고 부른 탓에 아들인 이정후는 자연스럽게 '바람의 손자'가 되었다.

그에 대한 유머 같은 일화도 화제이다. 아버지가 주니치 드래건즈에서 활동할 때 연고지인 일본 아이치현 나고야시에 태어나 3세 때까지 그곳에서 살았는데 그가 말을 배울 무렵에 한국으로 와서 일본어를 전혀 하지 못해 "일본서 태어나 자란 녀석이 일본말도 못 한다."라며 가끔 놀림을 받았다.

원래 오른손잡이였지만 아버지가 "왼손으로 야구하라"고 일러주었다. 그는 야구할 때와 칫솔을 사용할 때만 왼손을 쓰고 다른 일을 할 때는 오른손을 주로 쓴다.

청소년 대표 시절부터 친절하게 지내온 동갑내기 동료 선수 고우석이 이정후의 한 살 아래의 여동생과 결혼 발표를 하면서 친구에서 '처남-매제' 사이로 가족 관계가 바뀌고, 코치는 '장인 어른'으로 격상되었다.

'이정후 응원가'도 신바람난다.

> "안타! 안타! 날려 버려라!
> 힘차게 날려라 이정후!
> 안타 안타 안타 안타 날려 버려라!
> 더 높이 비상하라 이정후!"

염경엽 LG 트윈스 감독은 선수들 앞에서 이런 말을 했다.
"훌륭한 선수에게는 타고난 재능이 있다는 말이 야구장에서 맴돈다.

좋은 기술도 천재적 재능도 있어야 한다는 것이다. 하지만 실제 경기에서는 타고난 재능보다 기본기를 더욱 중요하게 여긴다. 이정후의 가장 좋은 장점은 탄탄한 기본기이다. 타격에 대한 기본과 야구에 대한 기본, 생각에 대한 기본이 잘돼 있다는 평가를 받는다. 그가 특별한 재능을 가졌다 해서 잘하는 게 아니다. 아무리 천재여도 기본이 갖춰지지 않으면 반짝 효과는 낼 수 있어도 오랜 기간 잘할 수는 없다."

감독의 말처럼 그는 해야 할 일에 대한 기본을 잘 아는 선수로 유명하다.

프로 입단 전부터 '이종범의 아들'로부터 벗어나려고 무진 애를 썼다. 아버지 그늘에 싸여 있으면 크게 성장할 수 없다는 생각에서다. 고교 시절 기본 포지션은 유격수였으나, 프로에 와선 타격 능력을 살리기 위해 외야수로 전향하여 2017년 10년 만의 순수 신인왕 및 순수 고졸 신인왕이 되었다. 정교한 타격과 좋은 공을 고르는 선구안, 머리보다 몸이 먼저 반응하는 듯한 배트 컨트롤로 안타를 생산해 내는 능력이 뛰어나다는 평가를 받는다. 5년 연속 골든글러브와 2년 연속 타격왕, 2022년 MVP 수상을 비롯한 다수의 수상이 그를 입증한다.

고척동 시대 히어로즈 구단을 대표하는 선수이자, 이어 대한민국 야구 국가대표팀을 이끌 '차세대 중장거리형 강타자'로 평가받는 유능한 선수이다.

세계 최초의 부자父子 MVP 수상

대한민국 프로야구에서 KBO리그를 빛낸 선수들도 기라성 같다. 리그 역사로 볼 때 2022년 현재 '장효조-이정훈-양준혁-장성호-김현수 등의 뒤를 잇는 KBO 교타자 라인의 일원으로 이정후를 꼽는다.

2017년 신인 1차 드래프트로 히어로즈에 지명되어 데뷔 시즌부터 두각을 나타낸 이정후는 그동안 슬럼프나 부침을 겪은 시즌이 단 한 번도 없었을 정도로 해마다 급성장하는 모습을 5년간 줄기차게 보여 주었다.

2018년 아시안게임에서 야구 사상 첫 부자父子 금메달리스트로 등장했다. 같은 종목에서 대를 이은 아시안게임 금메달리스트이다. 아버지인 이종범이 2002 부산 AG 야구 대표팀 소속으로 금메달을 땄고, 16년 후 그 아들인 이정후가 선동열호에 속해서 자카르타 팔렘방 AG 야구에서 금메달을 따낸 것이다. 그런데 이 대회에 아버지가 코치로 참가해서 더욱 뜻깊은 대회가 되었다.

최근에는 타고난 실력에 노력과 열정까지 더하면서 그동안 부족했던 장타력까지 발산하면서 KBO 리그 역사에 유례없는 성장세를 보여 준 선수로 떠올랐다. 아버지의 뒤를 이어 같은 종목에서 활약하는

2세 선수들이 많지만, 부자父子가 모두 슈퍼스타에 오른 경우는 그가 유일하다.

2022시즌 타격 5관왕과 MVP에 오르며 이를 증명해 냈고, 아마추어 시절부터 수도 없이 꼬리표처럼 따라다녔던 '이종범의 아들'이라는 수식어까지 당당히 떼어 냈다는 평가를 받았다.

그는 이승엽-양준혁-이대호-류현진 등이 여러 해 동안 붙박이로 고정돼 있던 야구계에서 돌풍을 일으켰다. 수많은 아마추어 선수들의 우상으로 삼고 싶은 최고의 선배 선수로 손꼽히고 있을 정도로 인기가 대단하다. 앞으로 10년 이상 한국 프로야구 무대를 장식할 차세대 리더로 손색이 없다는 평가에도 이견의 없을 정도이다.

2022시즌에 팀은 최종 2위로 아쉬움 속에 마무리했지만, 그는 동료 선후배 선수들의 실수를 다독이고 투지를 북돋아 주었다. 전체적으로 젊은 선수단 속에서 팀의 구심점 역할에 충실하고, 시즌 내내 선수단의 단합된 모습을 이끄는 모습을 보여 주어 야구 지도자들과 팬들로부터 뜨거운 찬사와 박수갈채를 받았다.

그가 그런 찬사를 받는 데는 불타는 투지, 엄청난 노력, 놀라운 성장세가 있었기 때문이다. 데뷔 이후로 그가 지니고 있던 약점을 정확히 보완하여 고쳤고, 매년 더 뛰어난 시즌을 만들어 내는 모습을 5년 동안 빠짐없이 보여주었다는 점도 높은 점수를 받았다.

이정후의 성장세는 괴물

같은 수준이라고 한다. 야구계에서 가장 중요하게 여기는 요소 중의 하나가 바로 '성장세'인데, 이것을 그가 보여 준 것이다. 그는 마운드 에선 아직 전성기 나이에 도래하지 않은 선수로 꼽힌다. 그러므로 역 대급 퍼포먼스를 보여 줄 기회가 많다고 야구 전문가들은 말한다. 기 대가 크다는 것이다.

2022년 성적을 기준으로 할 때 그동안 메이저리그 베이스볼에 진 출한 역대 한국 타자들 가운데 가장 정교한 타격, 통쾌한 장타를 날 릴 수 있을 것으로 기대되는 선수이다.

그에게는 '고척 아이돌'이란 별명이 붙었다. 야구 만화 주인공 같 은 야구 실력으로 야구도 잘하는데 얼굴까지 잘생겨서 '고척 아이돌' 이라는 별명이 생겼다. 기자들도 이를 잘 알고 있어 이정후가 활약한 경기 때마다 '고척 아이돌'이란 기사 타이틀을 자주 쓴다.

그런가 하면 '불꽃 남자'라는 별명도 있다. 2019 시즌에 '불꽃 남자' 라는 별명이 추가되었다. 그러나 그는 '바람의 손자'라고 불러달라고 말한다.

2022시즌에서는 빨랫줄처럼 날아간 택배 홈 송구 장면과 생애 첫 만루 홈런을 기록한 KIA전에서 홈런 공을 KIA 홈팬들 틈에 홀로 있 던 키움 팬에게 보내 화제를 모았다. 2022년 6월 16일에 그 장면을 뛰어넘는 KBO 역사상 엄청난 홈런 장면이 연출됐다. 두산과의 경기 에서 통쾌한 투런 홈런을 날리자 "이정후, 여기로 공 날려 줘"라고 팻 말을 흔드는 팬에게 홈런 공을 '로켓 배송'하는 만화 같은 명장면이 연출된 것이다.

이 극적인 홈런으로 홈런 '택배 맨'후쾅 맨이라는 새 별명을 추가되었 다. 이 택배 맨 효과는 고척 스카이돔을 훌쩍 뛰어넘어 여러 야구장으로 퍼져 나갔다. 외야 관중석에서 스케치북 응원단이 사용하고, 구단 유튜브를 통해서도 "별명이 마음에 들고 좋다", "이정후의 '홈런 배송'…신기하네요."라는 응답이 쏟아졌다.

특이한 일은 아버지가 아들에게 야구 학습을 전혀 해주지 않는다는 사실이다. 아버지는 "사회인으로서 기본적인 예의를 반드시 지켜라"라면서 자기 관리에 대해서만 조언할 뿐 야구에 대해서는 한마디도 안 하는 것으로 널리 알려져 있다.

유일하게 야구에 대해서 조언한 것이라면 "타석만큼은 꼭 왼쪽에 서라"는 것이라는데, 아버지가 왼손잡이였음에도 왼쪽 오른쪽 개념이 없어 우왕좌왕 실수를 저질렀던 자신의 경험을 아들이 따르지 않도록 일러준 것이라고 한다.

프로야구 선수로서의 그의 목표는 아버지의 통산 기록을 넘는 것이다. 이정후가 아버지 이종범의 기록을 넘어서려면 KBO 기록만으로 볼 때 통산 1,797안타 194홈런 510도루 1,100득점 730타점 716사사구를 넘어서야 한다. 매년 120안타 15홈런 80득점 50타점 50사사구 35도루를 15년 연속 기록하지 않으면 아버지의 기록을 넘을 수 없다. 그것도 아버지의 일본 기록은 뺀 것이다.

'야구 손자'의 야구 인생

야구 스타의 길을 걸어가고 있는 이정후는 아버지 '이종범 선수'에 대해 이렇게 생각하면서 긴 편지를 띄웠다. 아들의 편지는 2017년 시즌 중반 '야구 선수 이정후'가 '아버지 이종범'에게 띄우는 편지로 한겨레신문에 인터뷰로 소개된 것이다. 그 편지는 이렇게 펼쳐진다.

내가 초등학교에 입학한 뒤 "야구 선수가 되고 싶다"고 아버지에게 말했다. 그러자 아버지는 이렇게 타이르면서 반대했다. "야구 하기에는 너무 이른 나이이다. 3학년 때까지는 기다려 보아라. 겉으로 보기에는 화려해도 하면 할수록 어렵고 힘든 게 야구란다. 잘 생각해 보아라."
"그래도 전 야구가 너무 좋아요. 아버지가 야구 하시는 모습을 보면 정말 멋있었거든요. 사촌형도 야구 하는 데 따라가서 같이 하면 진짜 재미있어요."

이정후는 그때를 다시 떠올렸다. 반대보다는 시간적 여유를 준 것이라고 생각했다. 골프도 해 보고 축구도 해 봤지만 야구만큼 신나지는 않았다. 지금도 야구가 왜 좋은지, 왜 재미있는지 잘 모르겠지만 한국에서도, 일본에서도 보고 자란 게 야구니까 그렇지 않을까 하고 생각했다. 야구장을 언제 처음 가 보았는지 생각이 나지 않는다.

어린 시절에 "아버지가 하는 야구가 재미있어 보였다."라고 회고하는 이정후는 "정말 멋진 야구를 할 수 있다."라는 자신감 하나로 야구 방망이를 잡고 공을 던지기 시작했다. 오른손잡이인 그는 아버지는 "왼손 타자를 하라"는 말을 처음엔 이해하지 못했다. 기술 같은 것도 가르쳐 주지 않았다. 그저 "감독님, 코치님 지도대로 하라"는 게 전부였다. 그리고 빠지지 않고 일러준 말이 "항상 예의 바르게 행동하라"는 것이었다. 그때는 하나도 섭섭하지 않았다. "아버지는 그냥 우리 아버지니까…."라는 생각뿐이었다.

아버지는 내가 경기에서 잘못하거나 잘하거나 집에 돌아오면 항상 "잘했다"고 칭찬과 격려만 해주었다. 생각해 보니 야구 시작하고 지금껏 아버지께 야구로 혼난 적이 단 한 번도 없었던 것 같다. 아버지는 알고 있으면서도 모르는 척했다. 경험적으로 또 직감적으로 경기를 망치면 가장 속상해 하는 게 선수 자신이라는 것을 누구보다도 잘 아는 아버지인데, 승부 근성이 누구보다 강한 아버지인데, 그런 아버지를 나는 그대로 뒤따르고 있다. 아버지보다 더 강하고 더 매몰찬 승부욕으로 경기마다 소화한다. 그런 아들은 아버지는 뒤에서 정확하게 파악하고 있었지만, 겉으로는 아무 말도 해주지 않는다.

언제나 들려주는 한마디, "잠 많이 자고 밥 많이 먹어라. 프로에 입단한 뒤 아버지가 유일하게 강조하는 말씀이죠." 144경기를 치르려면 가장 중요한 게 체력 관리, 컨디션 관리인데. 그래서 경기에 져서 분하고 화나고 그래도 잠은 꼭 많이 자려고 한다. 몸무게도 4년 내내 90kg를 유지하려고 노력했다. 그래야 타구에 힘이 실릴 테니까. 지난겨울에 그랬던 것처럼 시즌이 아닌 계절에는 하루 3끼 정식에 3끼 간식을 챙겨 먹는다. 가끔 아버지에게 불고기 저녁 먹자고 졸라댄다.

어릴 적에 아버지가 가끔씩 들려준 말, "집이 가난해서 '헝그리 정신'으로 야구를 했다"는 그 한마디, 사실 그때는 어려서 무슨 뜻인지 몰랐다. 지금은 야구가 가족을 위해 선택한 아버지의 길이었다는 것을 잘 알고 있다.

한 달간 1군 경기를 뛰어 보니 프로라는 세계가 얼마나 힘든 곳인지 알게 됐다. 처음 야구 선수가 된다고 했을 때 아버지가 걱정했던 것이 무엇인지도 알게 되었다. 이제야 아버지의 마음을 조금씩, 조금씩 알 것 같다는 생각에 부끄럽기 짝이 없다. 아버지가 프로야구 유니폼을 입고 그라운드로 나서는 그 시절 그 모습이 정말 자랑스럽게 여겨졌다.

내가 여기까지 올 수 있던 것은 모두 부모님 덕분이다. "아버지처럼만 하라"는 말을 많이 듣고 자랐지만 사실 아버지의 야구 명성은 생각하지 않으려고 했다. '바람의 손자'가 아닌 '야구 선수 이정후'로 당당히 나아가 우뚝 서고 싶다는 마음으로 야구를 시작했고, 그 생각 그 마음으로 오늘도 뛰고 내일도 뛸 것이다. 결코 일희일비도 하지 않고, 아버지를 닮아 같은 길을 가지만 아버지에 지지 않은 선수로 남고 싶다. 어머니께는 가끔 문자를 드리는데, 아버지께는 한 번도 그런 적이 없다. 하지만 아버지를 존경하고 사랑합니다.

아들 정후 드림

2017년 11월 도쿄에서 열린 아시아 프로야구 챔피언십에서 사상 최초로 부자父子 동반 태극 유니폼을 입었다. 이정후는 "아버지와 함께 태극마크를 달고 싶다는 어릴 적 꿈이 이제 실현되었다. 정작 야구장 안에서만 아버지를 봤다. 도쿄 숙소 내 방에 단 한 번도 안 오셨고 카톡으로만 이야기를 주고받았다."라며 기뻐했다.

"이번에 한 번 이뤘다. 앞으로 자주 했으면 좋겠다. 이번에도 하면서 1루에서 아버지가 내 장비를 받아 주실 때 신기했다. 사인을 잘 보라고 하셨다. 우리가 뒤에 있다고 하셨다."라고 소감을 전했다. 화제를 모은 2017 카스 포인트 어워드 신인상을 받자 '둥지'가 이렇게 소개했다.

"이종범이 수상하지 못한 KBO 신인상을 고졸 프로 1년 차 아들이 달성했다. 특히 2017 카스 포인트 어워드 신인상을 수상하면 아빠인 이종범이 춤을 추고 이정후 본인이 남진의 둥지를 부른다는 공약했는데, 실제로 신인상을 수상하면서 바로 위의 영상처럼 공약을 이행했다. 현장에 있는 모든 해설위원들, 심지어는 양준혁까지 포함해서 빵 터졌다. 덤으로 이 동영상이 당시 인기 동영상 중 하나였다."

그해 12월에 열린 희망 더하기 자선 야구대회에 '양신팀' 소속으로 출전해서 아버지의 팀인 '종범신팀'과 맞붙었다. 이종범이 직접 타석으로, 이정후가 투수로 나오는 진풍경이 벌어졌다. 그러나 이정후의 투구가 이종범의 머리 위로 날아가는 빈볼이 나왔다. 이때 이종범의 표정이 볼만했다.

아버지 이종범과 연관 있는 팀을 상대로는 한 경기마다 유독 강한 모습을 보여 '의문의 효자'라는 소리를 들었다. 아버지의 친정 팀 KIA 타이거즈를 상대로는 2시즌 통산 타율 0.396, OPS 0.940을 기록하고 있다. 게다가 KBO 와일드카드 결정전 2018년에는 5회 만루 상황에서 희생 플라이로 1타점, 7회 무사 1루 동점 상황에서 최형우의 타구를 슈퍼캐치로 잡아낸 뒤 곧장 2루로 송구해 나지완까지 잡아내며 동점을 허용해 묘해진 경기 분위기를 다시 뒤집었다. 4타수 1안타 1타점 2득점의 맹활약을 펼쳐 KIA 타이거즈를 침몰시키는 데 선봉장 역할을 톡톡히 해냈다.

아버지가 코치로 있다가 옷을 벗었던 한화 이글스 상대로는 더욱 강한 모습을 보였다. 2시즌 통산 타율 0.452, OPS 1.099로 KIA 타이거즈 때보다 상대 전적이 더 좋을 뿐만 아니라 18년 한화 상대 최고 타율+최고 안타를 기록했다. 아버지랑 별로 연관이 없어 보이는 두산 베어스를 상대한 경기에선 18시즌 타율 0.393, OPS 1.032을 기록했다.

이종범-이정후 부자父子는 프로야구 전설의 영웅기를 함께 쓰고 있다.

제9장

메이저리그 2022시즌

———

- 대격변 일으킨 2022 메이저리그
- 2022시즌 메이저리그를 흔든 한국 선수들

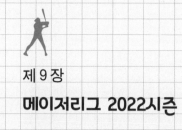

제 9 장
메이저리그 2022시즌

대격변 일으킨 2022 메이저리그

미국 프로야구 메이저리그MLB 2022 정규 시즌에서 몇 가지 주목할 변화가 일어났다. 메이저 양대 리그에서 모두 지명타자 제도를 시행하여 파격적인 변화를 일으켰고, 7이닝 더블헤더를 폐지, 연장 승부치기를 유지했으며, 포스트시즌 진출 팀 수의 확대, 탱킹 방지 규정을 신설하고, 하위 팀은 드래프트 지명권을 추첨으로 선정하며, 신인왕 등 투표 상위권 선수 보유 팀에게 추가로 지명권을 부여한 것이다.

7이닝 더블헤더가 폐지된 것은 여러 가지 의미가 있다. 7이닝 더블헤더는 야구의 근간인 9이닝을 인위적으로 축소시킨 점에서 별로 환영받지 못했었다. 하지만 연장전 승부치기는 실효성을 이유로 유지됐다. 무엇보다 올해 가장 큰 변화는 내셔널리그 투수 타석이 사라졌다는 사실이다.

내셔널리그는 1876년 리그 창설 이후 140년 넘게 투수 타석을 고수해 왔다. 투수 부상의 위험성이 대두됐지만, 전통을 계승하는 것에 중점을 두었다. 투수 타석은 지명타자를 사용하고 있는 아메리칸리그와 차별화되는 요소로, 내셔널리그 입장에서는 쉽게 포기할 수가 없었다.

투수 타석을 없앤 야구는 지금보다 실용적인 측면을 강조한 것이다. 사인 훔치기를 방지하는 대안으로 도입됐지만, 불필요한 움직임을 최소화하겠다는 의지이다. 2023시즌부터는 투수들이 공을 던지는 시간을 제한하는 피치 클락을 실시하는 것으로 규칙을 바꾸었다.

2022년 메이저리그의 영웅은 애런 저지로 꼽혔다. 그는 62홈런을 쏘아 올리면서 아메리칸리그 홈런의 새 역사를 작성했다. 1961년 로저 매리스의 61홈런을 61년 만에 경신한 것이다. 저지보다 많은 홈런을 쳤던 내셔널리그 강타자 맥과이어, 소사, 배리 본즈 3명은 금지 약물로 얼룩지면서 저지의 62홈런은 더욱 가치 있는 기록으로 남았다.

홈런은 프로야구의 꽃으로 여긴다. 세이버메트릭스 시대가 도래하면서 수많은 세부 지표가 탄생했지만, 홈런으로 클래식 시대의 자존심을 지킨다. 세인트루이스 유니폼을 입고 뛴 푸홀스는 살아있는 전설의 저력을 보여 줬다. 109경기에서 24홈런을 터뜨려 통산 703홈런을 기록하며 불가능해 보였던 700홈런 고지를 넘어섰다.

야구의 위기설이 나올 때마다 회자하는 얘기는 '야구가 바뀌어야 한다'는 주장이었다. 시대 흐름에 발맞추지 못하면 그들만의 리그로 전락할 수 있다고 지적했다. 따라서 2023시즌부터는 메이저리그 야구의 대변화가 일어나고 새로운 변곡점의 역사가 펼쳐지고 있다. 우리가 알고 있는 야구는 계속되어도 우리가 보아온 야구와는 다른 모습을 연출하는 것이다. 이러한 대격변의 중심에 메이저리그가 우뚝 서 있다.

2022시즌 메이저리그를 흔든 한국 선수들

2022시즌 메이저리그를 뒤흔든 한국 선수들이 화제다. 2022년 메이저리그에서 가장 빛난 코리안 스타는 김하성샌디에이고 파드리스이다. 김하성은 빅리그 2년 차를 맞은 지난 시즌에서 개막전 시범경기부터 불방망이를 신나게 휘둘렀다. 시범경기 13경기에서 타율 0.36730타수 11안타 5타점 1홈런을 기록하며 돌풍을 일으켰다. 주전 유격수였던 페르난도 타티스 주니어가 부상 및 금지 약물 복용 적발로 마운드에서 이탈했고, 그 자리에 김하성이 들어섰다.

김하성은 안정적인 수비력은 물론, 한층 매서워진 공격력을 바탕으로 빠르게 샌디에이고의 주축 멤버로 발돋움했다. 그는 지난 시즌 150경기에 출장해 타율 0.251, 11홈런, 59타점, 12도루를 올렸다. 특히 OPS출루율+장타율는 0.708로 MLB 전체 유격수 중 13위였다.

김하성의 활약은 지난 가을 야구에서도 이어졌다. 타율은 0.18643타수 8안타에 그쳤지만, 3타점과 6볼넷, 8득점, 1도루로 알토란과 같은 역할을 멋지게 해냈다. 8득점은 지난 1984년 '샌디에이고의 전설' 토니 귄이 작성한 샌디에이고 타자 포스트시즌 최다 득점7점을 38년 만에 훌쩍 뛰어넘는 신기록이다.

그러나 아쉽게도 내셔널리그 챔피언십 시리즈NLCS에서 필라델피아 필리스에 발목이 잡히며 김하성은 월드 시리즈 무대를 밟지는 못했다. 그는 샌디에이고에 없어서는 안 될 선수로 확실히 자리를 굳혔다. 샌디에이고가 특급 유격수 잰더 보가츠를 영입함에 따라 김하성은 2023시즌부터는 2루수로 포지션이 바뀌었다.

김하성을 제외한 다른 선수들의 활약은 다소 아쉬웠다. 특히 2013

년 빅리그에 데뷔해 지난 시즌까지 73승 45패를 기록했던 류현진은 부상으로 시즌을 조기에 마쳤다. 팔뚝 부상이 팔꿈치 부상으로 이어졌고, 수술을 받으며 재활에 들어갔다. 지난 시즌을 거의 통째로 날려 버린 류현진은 2023시즌이 매우 중요하다. 2023시즌이 끝나면 토론토와의 계약이 종료되기 때문이다.

2022년 탬파베이 레이스 유니폼을 입고 활동한 최지만피츠버그 파이어리츠도 좋은 성적은 아니었다. 지난 시즌 초반에는 매서운 타격감으로 타선을 이끌었지만, 후반기에는 슬럼프에 빠졌다. 전반기 동안 0.278의 타율을 기록한 최지만은 7월 중순부터 타격 페이스가 급격히 떨어졌다. 끝내 반등하지 못한 채 0.233의 타율과 11홈런 52타점이라는 저조한 성적에 머물렀다. 시즌이 끝난 뒤 트레이드를 통해 피츠버그로 이적했다. 피츠버그는 카를로스 산타나, 코너 조를 영입했다.

배지환피츠버그, 박효준 등도 짧게나마 빅리그 무대에 모습을 드러냈다. 2018년 피츠버그와 마이너리그 계약을 체결하며 미국에 진출한 배지환은 빅리그에 데뷔해 10경기에서 0.333의 타율과 6타점 5득점 3도루를 올렸다.

2021년 MLB에 데뷔한 박효준은 피츠버그에서 23경기에 나서 0.216의 타율과 2홈런 6타점을 기록했다.

부 록

부 록

한국의 야구 역사

한국에 야구가 처음 들어온 것은 1905년으로 100년이 훌쩍 지났다. 당시 선교사로 온 미국인 질레트가 황성기독교청년회_{현재의 YMCA}에서 현동순, 허성, 김연호 등과 함께 야구팀을 만들어서 게임을 통해 회원들에게 야구를 가르친 것이 그 시초이다.

1906년 2월 11일 훈련원 터에서 YMCA팀과 외국어학교팀이 우리나라에서는 처음으로 야구 경기를 열었다.

〈황성신문〉은 1909년 3월 21일 자에서 이때의 모습을 '야구단 운동가'라는 노래가 소개될 만큼 큰 인기를 누렸다고 소개하였다. 이때 소개된 '야구단 운동가'는 이렇다.

> "무쇠 골격 돌 근육 소년 남아야, 애국의 정신을 분발하여라.
> 다다랐네 다다랐네, 우리나라에 소년의 활동 시대 다다랐네.
> 만인 대적對敵 연습하여 후일 전공 세우세,
> 절세 영웅 대사업이 우리 목적이 아닌가."

1920년 조선 야구대회가 열리고 이것이 전국체육대회로 발전되었다. 1945년 광복 후 뜻있는 야구인들의 노력으로 한국 야구는 발전을 거듭해 미국, 일본과 세계 정상을 다투게 됐다.

광복 후 한국 야구는 1958년 메이저리그 세인트루이스 카디널스와의 친선 경기를 가졌는데, 이때 사람들은 우리가 참패할 것으로 여겼다. 그런 예상과는 달리 에이스 김양중과 명포수 김영조의 활약으로 0대 3으로 선전했다. 1회 초 무사 2루와 3루가 되자 구원 투수로 등판한 김양중은 9이닝을 2실점으로 틀어막는 호투를 펼쳤고, 김영조는 빼어난 리드로 뒷받침했다. 특히 강타자 스탠 뮤지얼을 삼진으로 처리한 것은 지금도 흥미로운 이야기로 전한다.

1906년 3월 15일 훈련원에서 벌어진 야구 경기에서는 독일어 학교 팀이 YMCA에 3점 차 승리를 거뒀다.

광복 후인 1946년 3월 조선야구협회를 만들고 5월 17일부터 19일까지 서울운동장에서는 광복 후 첫 야구대회인 4도시 대항전을 가졌다. 9월 11일부터 18일까지 서울운동장에서 전국 24개 학교가 참가한 가운데 청룡기쟁탈 전국 중등학교 야구 선수권대회가 개최되었다.

이 대회는 6·25 전쟁으로 1951년과 1952년 중단되었다가 지금까지 이어오고 있다. 부산상업학교팀이 처음으로 청룡기를 품에 안았고 에이스 김상대는 대전공업학교와 치른 2회전에서 대회 최초이자 이 대회의 유일한 홈런을 기록했다.

광주서중 김성중은 인천상업학교를 맞아 볼넷 4개, 몸 맞은 공 1개만을 내주며 광복 후 첫 노히트 노런의 대기록을 세웠다. 청룡기대회 결승에서 공주고 노장진이 선린상고를 상대로 두 번째 결승전 노히트 노런을 세웠다.

1947년 전국지구대표 중등야구 쟁패전인 황금사자기대회가 열리고, 1954년에 한국·일본·대만·필리핀이 회원국으로 참가한 아시아야구연맹이 결성되었다.

1959년 백인천, 1965년 이광환, 1971년 정현발, 1973년 김일권, 1976년 이만수, 1980년 김건우 등으로 수상자가 이어지면서 한국 야구를 빛냈다. 경남고 신민기는 1997년과 1998년 최초이자 유일하게 2년 연속 수상의 영광을 안았다.

1982년 프로야구가 창설되었다.

세계 정상을 향한 꿈

우리나라 야구는 1975년 8월 14일부터 31일까지 캐나다에서 열린 제2회 대륙간컵쟁탈 세계야구대회에 출전하며 처음으로 세계 무대의 문을 두드렸다. 콜롬비아·이탈리아·니카라과에 승리했지만 캐나다·푸에르토리코·일본·미국에 져 3승 4패로 A조 3위에 머물며 예선 탈락했다.

1976년 세계야구선수권대회에서는 5승 5패로 공동 5위에 머물렀다. 그러나 일본과 경기에서는 6대 4로 승리하며 국외에서 열린 대회에서 처음으로 일본을 꺾었다. 그때 김계현 감독과 선수들은 일본을 꺾고 감격에 겨워 서로 얼싸안고 울었다.

1977년 마침내 한국 야구가 세계 정상에 우뚝 섰다. 니카라과에서 열린 슈퍼월드컵대회에서 미국과 일본 등을 꺾고 우승의 헹가래를 쳤다.

1981년 미국 오하이오 주에서 열린 제1회 세계청소년선수권대회에서 우승을 차지했다. 김건우, 조계현, 이효봉, 김동기, 강기웅, 조양근 등 고교 선수에 18세 이하의 나이 제한에 걸리지 않은 고려대의 선동열, 상업은행의 구천서가 포함된 대표팀은 3전 2승제로 열린 미국과의 결승전에서 3대 1, 3 대 2로 연승하며 정상에 올랐다.

1982년 9월 서울에서 열린 제27회 세계야구선수권대회 일본과의 경기에서 0 대 2로 뒤지던 7회에서 2 대 2 동점을 이루고 한대화의 3점 홈런이 터지자, TV 중계방송을 하던 아나운서가 "쳤습니다. 좌측. 홈런이냐! 홈런이냐! 홈런입니다. 홈런, 홈런, 홈런, 스리런 홈런."이라며 터질듯한 목소리가 방송을 타면서 잠실야구장은 흥분의 물결로 가득하였다.

어우홍 감독을 비롯한 한국 대표팀은 죽을 각오로 일본과 결승전에 나섰다. 최하위에 머물더라도 일본만 이기면 모든 것이 용서되던 시대였기에 일본과의 경기는 사생결단의 한판으로 상상을 초월하는 투지의 대결이었다.

1994년 1월 한양대 박찬호가 계약금 120만 달러에 메이저리그 LA 다저스와 입단 계약을 체결했다. 메이저리그에 신인 드래프트가 도입된 이래 17번째로 메이저리그에 직행했지만, 17일 만인 4월 경험 부족 등으로 마이너리그로 내려갔다.

1995년 9월 메이저리그에 복귀해 지난해까지 동양인 최다인 통산 124승을 기록했다. 박찬호 이후 많은 선수가 메이저리그의 문을 두드렸다. 봉중근, 서재응, 김병현, 최희섭, 조진호, 류제국, 추신수에 한·일 프로야구를 거친 구대성과 이상훈 등이 메이저리그 무대에 올라선 것이다.

1998년 박찬호, 서재응, 임창용, 김동주, 이병규, 박재홍 등 국내외 프로야구 스타와 김병현, 홍성흔, 신명철, 강혁 등 아마추어 선수들로 꾸린 대표팀이 방콕 아시아경기대회에서 우승을 차지했다. 대회 첫 우승이었다.

사회인 야구 중심으로 선수를 선발한 일본과 결승전에서는 장단 14안타에 박찬호의 호투를 앞세워 13 대 1로 7회 콜드게임 승리를 거두며 금메달을 목에 걸었다.

2007년 12월 한국 야구의 성지인 동대문야구장이 역사 속으로 사라졌다. 1925년 문을 열었던 동대문야구장은 1966년 9월 국내 최초로 조명탑이 설치됐다. 1982년 출범한 프로야구 개막전을 개최한 동대문야구장은 한국 야구 역사 그 자체였다. 동대문야구장에서의 첫 홈런은 1928년 6월 8일 이영민이 터뜨렸다.

2007년 11월 13일 동대문야구장에서 마지막 공식 경기가 끝나고, 김양중 백구회 명예회장은 눈물을 감추지 못했다. 그들에게는 동대문야구장이 삶의 터전이었고 인생의 동반자였기 때문이다.

한국 프로야구 40년을 빛낸 스타들

최고 스타는 선동열·최동원·이종범·이승엽

한국야구위원회KBO는 '국보' 선동열, 고인이 된 '무쇠팔' 최동원, '바람의 아들' 이종범, '라이언 킹' 이승엽 선수를 KBO리그 40년을 빛낸 스타들 가운데 최고의 올스타 1~4위로 선정 발표했다.

KBO는 리그 40년을 기해 2022년 7월 16일 서울 잠실구장에서 열린 2022 KBO 올스타전에 앞서 리그 40주년 기념 '레전드 40인' 가운데 가장 많은 표를 얻은 4명을 먼저 공개한 것이다. 이들은 선정위원회에서 추천한 후보 177명 가운데 전문가 투표80%와 팬 투표20% 결과를 합산해 가장 많은 표를 얻은 선수는 선동열 전 KIA 타이거즈 감독이다.

1위 선동열

1위 선동열은 전문가 투표 156표 중에서 155표79.49점, 팬 투표 109만 2,432표 가운데 63만 1,489표11.56점를 받아 총점 91.05로 1위에 올랐다. 이로써 선동열은 명실상부한 KBO리그 역대 최고 투수로 꼽혔다. 1985년 해태현 KIA에 입단한 뒤 1995년까지 통산 367경기에서 146승 40패 132세이브, 평균 자책점 1.20, 탈삼진 1,698개를 기록하며 '해태 왕조'의 주역으로 활약한 스타다. 통산 이닝당 출루 허용WHIP은 0.80. BO 리그에서 1,000이닝 투구한 투수 가운데 단연 최고 톱 1위이다.

11시즌 가운데 5차례1986·1987·1992·1993·1995년나 0점대 평균 자책점을 기록했고, 2.00을 넘긴 시즌은 1994년2.73 한해뿐이다. 7년 연속1985~1991년을 포함해 8번이나 평균 자책점 타이틀을 지켰다. 특히 1993년 기록한 0.78은 역대 한 시즌 최저 평균자책점 기록으로 남아 있는 전설의 기록이다. 1986년에는 한 시즌 262와 3분의 2이닝을 던지면서 24승 6패 6세이브, 평균자책점 0.99, 탈삼진 214개, 완봉승 8회라는 놀라운 성적을 올렸다.

선동열은 1995년 마무리 투수로 활약하면서 33세이브평균자책점 0.49를 올린 뒤 임대 선수로 일본 프로야구 주니치로 진출했다. 그 뒤 리그 정상의 마무리 투수로 이름을 날린 뒤 귀국하여 팀에 복귀하지 않고 1999년 은퇴했다. KIA는 그 후 선동열의 등번호 18번을 영구결번으로 지정했다.

2위 최동원

2위 최동원은 전문가 투표에서 156명 전원80.00점에게 표를 얻었다. 팬 투표에서도 54만 5,431표9.99점를 확보해 총점 89.99를 기록하며 2위에 올랐다. 그는 1984년 51경기에서 284와 3분의 2이닝을 던지면서 27승 13패 6세이브, 평균 자책점 2.40을 기록한 '무쇠팔'이었다. 그가 잡아낸 삼진 223개는 지난해 두산 외국인 투수 아리엘 미란다가 경신하기 전까지, 36년간 역대 한 시즌 최다 기록으로 자리를 지켰다. 최동원은 그해 한국 시리즈에서 홀로 4승을 따내면서 롯데에 창단 첫 우승을 안기는 신화를 남겼다. KBO리그 통산 평균자책점 2위, 최다 완투81회 2위에 올라 있다.

1985년에도 20승 8세이브를 따내면서 평균 자책점 1.92를 기록했고, 1986년엔 267이닝을 소화하면서 19승평균자책점 1.55을 올렸다. 그러나 프로에서의 첫 5년간 1,209와 3분의 1이닝평균 241.6이닝을 책임진 여파로 이후 팔 상태가 악화되었다. 1990년 삼성에서 은퇴했다. 전성기가 길지 않았지만 그 누구보다 강했던 KBO리그 최고 투수 가운데 한 명으로 남아 있다. 2011년 대장암으로 투병하다 세상을 떠났지만, 그의 명성은 프로야구장에 그대로 살아 있다. 그의 등번호 11번은 롯데 영구결번으로 지정되었다.

3위 이종범

3위 이종범은 전문가 투표에서 149표76.41점, 팬 투표에서 59만 5,140표10.90점를 얻어 총점 87.31로 3위에 이름을 올렸다. 1993년 해태에서 데뷔한 그는 공·수·주를 가리지 않고 천재적인 야구 센스를 뽑냈다. 1990년대 네 차례 유격수 골든글러브를 따내면서 '해태 왕조'의 전성기를 연장한 일등 공신이다. 1994년에는 타율 0.393, 196안타, 113득점, 도루 84개라는 놀라운 성적을 남겨 단숨에 프로야구 최고 스타로 등극했다.

한 시즌 도루 84개는 앞으로 누구도 깨지 못할 불멸의 기록처럼 여겨진다. 타율 0.393은 프로야구 원년의 백인천0.412 이후 여전히 가장 높은 기록이다. 현역 시절 팀의 정신적 지주이자 구심점으로 통했던 선수, '야구 천재', '종범신', '바람의 아들'로 불리는 그는 아들 이정후, 사위 고우석과 함께 프로야구 가족을 이룬 스타이다.

4위 이승엽

4위 이승엽은 전문가 투표에서 149표76.41점, 팬 투표에서 55만 3,741표10.14점으로 총점 86.55를 얻어 근소한 차이로 이종범의 뒤를 이었다. 프로야구 역대 최고 타자로 꼽히는 이승엽은 1997년 삼성에서 데뷔한 뒤 KBO리그 홈런의 역사를 새롭게 써 내려갔다. 2003년 역대 한 시즌 최다 홈런56개 기록을 세웠고, 통산 최다 홈런464개 기록을 남기고 2017년 은퇴했다. 한국 프로야구에 처음으로 '통산 400홈런'이라는 기록을 새겨 놓은 주인공이다.

최연소 100홈런, 최연소·최소 경기 200홈런, 7시즌 연속 30홈런 등 다양한 홈런 관련 기록도 세웠다. 8년2004~2011년 동안 일본에서 뛰었다. 그런데도 이승엽을 따라잡을 홈런 타자는 아직 나오지 않았다. 골든글러브 10회 수상, 정규 시즌 MVP 5회 수상도 역대 최다 기록이다. '국가대표 4번 타자'의 명예를 지닌 스타이다.

세계무대에서 겨룬 한국 선수들의 도전과 성공스토리!

한국 야구 천재들

1판 1쇄 발행	2023년 3월 1일
1판 2쇄 발행	2024년 6월 10일

지은이 | 유한준
펴낸이 | 박정태
편집이사 | 이명수   출판기획 | 정하경
편집부 | 김동서, 박가연
마케팅 | 박명준   온라인마케팅 | 박용대
경영지원 | 최윤숙, 박두리

펴낸곳	BOOK★STAR
출판등록	2006. 9. 8. 제 313-2006-000198 호
주소	파주시 파주출판문화도시 광인사길 161 광문각 B/D 4F
전화	031)955-8787
팩스	031)955-3730
E-mail	kwangmk7@hanmail.net
홈페이지	www.kwangmoonkag.co.kr
ISBN	979-11-88768-64-6 43040
가격	16,000원